Spring tide and Neap ı

SOMHAIRLE MACGILL-EAIN
SORLEY MACLEAN

Reothairt is Contraigh
Taghadh de Dhàin 1932–72
Spring tide and Neap tide
Selected Poems 1932–72

CANONGATE

Air fhoillseachadh an Alba le Foillseachadh Canongate Teò.,
17 *Sràid Jeffrey, Dùn Eideann*

© 1938, 1940, 1943, 1944, 1945, 1948, 1952, 1954, 1970, 1972, 1977
Somhairle MacGill-Eain

Ath-chlò-bhuailte 1977, 1978, 1981, 1985, 1988

ISBN 0 86241 098 3   *Pàipear*

*Chuidich an Comann Leabhraichean am foillsichear
le cosgaisean an leabhair seo*

Gréiste le Ruairi MacGill-Eain

MacLean, Sorley
Reothairt is contraigh: taghadh de dhàin 1932–72 =
Spring tide and neap tide: selected poems 1932–72.
1. Gaelic poetry
I. Title
891.6'313   PB1689

Clò-bhuailte agus còmhdaichte le Billings & a Mhic Teò.,
Worcester
Air a chur suas an Aonchlòire Garamond

AITHEANTAS *Acknowledgments*

Chàidh na dàin a tha 'san leabhar seo fhoillseachadh mar leanas:

Voice of Scotland (1938): Ban-Ghàidheal;

Seventeen Poems for Sixpence (Clò Chalmers, 1940): A' Chorra-ghridheach, Gaoir na h-Eòrpa, Reic Anama, Coin is Madaidhean-allaidh;

Dàin do Eimhir agus Dàin Eile (Mac Gill' Fhaolain, 1943): A Chiall 's a Ghràidh, Am Buaireadh, Dun-éideann, A' Bhuaile Ghréine, Urnuigh, An Roghainn, An Clogad Stàilinn, Lìonmhoireachd, An Oinseach, Am Boilseabhach, Sgatham . . ., Mac an t-Saoir is Ros, Oidhche Chiùin, Tràighean, Am Mùr Gorm, An Sgian, Irisleachd, Fo Sheòl, Crìonnachd, Camhanaich, Chan fhaic mi . . ., An Tathaich, Gleann Aoighre, An t-Eilean, Am Bàta Dubh, Clann Ghill-Eain, Cornford, Ceann Loch Aoineart, Calbharaigh, An Crann Dubh, Conchobhar, Fuaran, Abhainn Arois, Coilltean Ratharsair, An té dh'an tug mi . . .;

Poetry Scotland, àir. 1 (Mac Gill' Fhaolain, 1944): Glac a' Bhàis;

Scottish Art and Letters, àir. 1, deasaichte le Crombie Saunders (Mac Gill' Fhaolain, 1944): Reothairt;

Poetry Scotland, àir. 2 (Mac Gill' Fhaolain, 1945): An Tromlaighe;

Alba (Mac Gill' Fhaolain, 1948): Latha Foghair;

Gairm, àir. 1 (1952): An Ceann Thall; àir. 8 (1954): Hallaig; àir. 72 (1970): Cumha Chaluim Iain Mhic Gill-Eain, Nighean is Seann Orain, (Eadar-theangaichte gu Beurla ann an *Lines Review*, àir. 34, 1970);

Lines Review, àir. 34 (1970): An Dithis, Aithreachas, Muir-tràigh, Am Mac Stròidheil, Gluaisibh gu Deas, Dà Dhòmhnallach, Alasdair MacNeacail, Làrach Eaglais, Creagan Beaga, Anns a' Phàirce Mhóir, Creag Dallaig, Am Botal Briste, A' Bheinn air Chall, Uilleam Ros is mi-fhìn;

Four Points of a Saltire (Reprographia, 1970): Ma Théid mi Suas . . ., An Iomhaigh, Ard-Mhusaeum na h-Eireann, Aig Uaigh Yeats;

Contemporary Scottish Verse (Calder & Boyars Teò., 1970): Curaidhean, Eadh is Féin is Sàr-Fhéin; *Scottish International*, àir. 10 (1970): Palach.

Air an cur an clò an seo airson a' cheud uair: Dol an Iar, Soluis.

CLAR-INNSE *Contents*

vii

viii

ix

REOTHAIRT IS CONTRAIGH

Spring tide and Neap tide

THE HERON

A pale yellow moon on the skyline,
*   the heart of the soil without a throb of laughter,*
*   a chilliness contemptuous*
*   of golden windows in a snaky sea.*

It is not the frail beauty of the moon
*   nor the cold loveliness of the sea*
*   nor the empty tale of the shore's uproar*
*   that seeps through my spirit tonight.*

*   Faintness in fight,*
*   death pallor in effect,*
*   cowardice in the heart*
*   and belief in nothing.*

A demure heron came
*   and stood on top of sea-wrack.*
*   She folded her wings close in to her sides*
*   and took stock of all around her.*

Alone beside the sea
*   like a mind alone in the universe,*
*   her reason like man's —*
*   the sum of it how to get a meal.*

A mind restless seeking,
*   a more restless flesh returned,*
*   unrest and sleep without a gleam;*
*   music, delirium and an hour of rapture.*

The hour of rapture is the clear hour
*   that comes from the darkened blind brain,*
*   horizon-breaking to the sight*
*   a smile of fair weather in the illusion.*

A' CHORRA-GHRIDHEACH

Gealach fhann bhuidhe air fàire,
    cridhe 'n fhuinn gun phlosgadh gàire,
    aognuidheachd a' deanamh tàire
    air uinneagan òir an cuan snàgach.

Cha ghrinneas anfhann na gealaich
    no maise fhuaraidh na mara
    no baoth-sgeulachd onfhaidh a' chladaich
    tha nochd a' drùdhadh air m' aigne.

    Anfhannachd an strì,
    aognuidheachd am brìgh,
    gealtachd anns a' chrìdh,
    gun chreideamh an aon nì.

Thàinig corra-ghridheach ghiùigeach,
    sheas i air uachdar tiùrra,
    phaisg i a sgiathan dlùth rith,
    a' beachdachadh air gach taobh dhith.

'Na h-aonar ri taobh na tuinne
    mar thuigse leatha fhéin 's a' chruinne,
    a ciall-se mar chéill an duine,
    cothachadh lòin meud a suime.

Inntinn luasganach a' sireadh,
    feòil as luainiche air tilleadh,
    luasgan is cadal gun drithleann,
    ceòl is bruaillean is tràth mire.

Tràth na mirc an tràth shoilleir
    thig á eanchainn chiar na doille,
    bristeadh fàire air an t-sealladh,
    faite dìoclaidh anns a' mhealladh.

3

On the bare stones of the shore,
gazing at the slipperiness of a calm sea,
listening to the sea's swallowing
and brine rubbing on the stones.

Alone in the vastness of the universe,
though her inaccessible kin are many,
and bursting on her from the gloom
the onset of the bright blue god.

I am with you, alone,
gazing at the coldness of the level kyle,
listening to the surge on a stony shore
breaking on the bare flagstones of the world.

What is my thought above the heron's?
The loveliness of the moon and the restless sea,
food and sleep and dream,
brain and flesh and temptation.

Her dream of rapture with one thrust
coming in its season without stint,
without sorrow, without doubt, but with one delig,
the straight, unbending law of herons.

My dream exercised with sorrow,
broken, awry, with the glitter of temptation,
wounded, with but one sparkle;
brain, heart and love troubled.

4

'S i air clachan loma tràghad
        ag amharc sleamhnachd cuain neo-bhàrcaich,
        ag éisdeachd ris an t-slugadh-mhara
        is sàl a' suathadh air na clachan.

Leatha fhéin am meud na cruinne
        ge mór a cleamhnas do-ruighinn,
        's a' bristeadh oirre as an doilleir
        sitheadh an dé ghuirm shoilleir.

Mise mar riut 's mi 'nam ònar
        ag amharc fuachd na linne còmhnaird,
        ag cluinntinn onfhaidh air faoilinn
        bristeadh air leacan loma 'n t-saoghail.

Ciod mo smuain-sa thar a smuain-se:
        àilleachd gealaich is cuain luainich,
        biadh is cadal agus bruadar,
        eanchainn, feòil agus buaireadh?

A h-aisling mhire le aon shitheadh
        tighinn 'na h-aimsir gun chrìonnachd,
        gun bhròn, gun teagamh, ach aon mhireadh,
        lagh dìreach neo-cham corra-grithich.

M' aisling-sa air iomairt truaighe,
        briste, cam, le lainnir buairidh,
        ciùrrte, aon-drithleannach, neo-shuairce;
        canchainn, cridhe 's gaol neo-shuaimhneach.

REASON AND LOVE

If our language has said that reason
is identical with love,
it is not speaking the truth.

When my eye lighted on your face
it did not show the reason in love,
I did not ask about that third part.

When I heard your voice it did not make
this division in my flesh;
it did not the first time.

But that came to me without my knowing
and it tore the root of my being,
sweeping me with it in its drift.

With all I had of apprehension
I put up a shadow of fight;
my reason struggled.

From the depths of this old wisdom
I spoke to my love:
you are not worthy of me, nor from me.

> *On the inside my love,*
> *my intellect on the elegant side,*
> *and the foolish door was broken.*

And my intellect said to my love:
duality is not for us;
we mingle in love.

Ma thubhairt ar cainnt gu bheil a' chiall
co-ionann ris a' ghaol
chan fhìor dhi.

Nuair dhearc mo shùil air t' aodann
cha do nochd e ciall a' ghràidh,
cha do dh' fheòraich mi mu 'n trian ud.

Nuair chuala mi do ghuth cha d' rinn
e 'n roinneadh seo 'nam chré;
cha d' rinn a' chiad uair.

Ach dhiùchd siod dhomh gun aithne dhomh
is reub e friamh mo chré
'gam sguabadh leis 'na shiaban.

Leis na bha dhomh de bhreannachadh
gun d' rinn mi faileas strì;
gun d' rinneadh gleachd le m' chéill.

Bho dhoimhne an t-seann ghliocais seo
's ann labhair mi ri m' ghaol:
cha diù liom thu, cha diù bhuam.

> Air an taobh a staigh mo ghaol,
> mo thuigse air an taobh ghrinn,
> is bhristeadh a' chòmhla bhaoth.

Is thubhairt mo thuigse ri mo ghaol:
cha dhuinn an dùbailteachd:
tha 'n coimeasgadh 'sa' ghaol.

7

THE TURMOIL

Never has such turmoil
nor vehement trouble been put in my flesh
by Christ's suffering on the earth
or by the millions of the skies.

And I took no such heed of a vapid dream —
green wood of the land of story —
as when my stubborn heart leaped to the glint
of her smile and golden head.

And her beauty cast a cloud
over poverty and a bitter wound
and over the world of Lenin's intellect,
over his patience and his anger.

Cha do chuir de bhuaireadh riamh
no thrioblaid dhian 'nam chré
allaban Chrìosda air an talamh
no muillionan nan speur.

'S cha d' ghabh mi suim de aisling bhaoith —
coille uaine tìr an sgeòil —
mar leum mo chridhe rag ri tuar
a gàire 's cuailein òir.

Agus chuir a h-àilleachd sgleò
air bochdainn 's air creuchd sheirbh
agus air saoghal tuigse Leninn,
air fhoighidinn 's air fheirg.

ROGHAINN

A Choice

Girl of the yellow, heavy-yellow, gold-yellow hair,
the song of your mouth and Europe's shivering cry,
fair, heavy-haired, spirited, beautiful girl,
the disgrace of our day would not be bitter in your kiss.

Would your song and splendid beauty take
from me the dead loathsomeness of these ways,
the brute and the brigand at the head of Europe
and your mouth red and proud with the old song?

Would white body and forehead's sun take
from me the foul black treachery,
spite of the bourgeois and poison of their creed
and the feebleness of our dismal Scotland?

Would beauty and serene music put
from me the sore frailty of this lasting cause,
the Spanish miner leaping in the face of horror
and his great spirit going down untroubled?

What would the kiss of your proud mouth be
compared with each drop of the precious blood
that fell on the cold frozen uplands
of Spanish mountains from a column of steel?

What every lock of your gold-yellow head
to all the poverty, anguish and grief
that will come and have come on Europe's people
from the Slave Ship to the slavery of the whole people?

A nighean a' chùil bhuidhe, throm-bhuidh òr-bhuidh,
fonn do bheòil-sa 's gaoir na h-Eòrpa,
a nighean gheal chasurlach aighearach bhòidheach
cha bhiodh masladh ar latha-ne searbh 'nad phòig-sa.

An tugadh t' fhonn no t' àilleachd ghlòrmhor
bhuam-sa gràinealachd mharbh nan dòigh seo,
a' bhrùid 's am meàirleach air ceann na h-Eòrpa
's do bhial-sa uaill-dhearg 'san t-seann òran?

An tugadh corp geal is clàr gréine
bhuam-sa cealgaireachd dhubh na bréine,
nimh bhùirdeasach is puinnsean créide
is dìblidheachd ar n-Albann éitigh?

An cuireadh bòidhchead is ceòl suaimhneach
bhuam-sa breòiteachd an aobhair bhuain seo,
am mèinear Spàinnteach a' leum ri cruadal
is' anam mórail dol sìos gun bhruaillean?

Dé bhiodh pòg do bheòil uaibhrich
mar ris gach braon de 'n fhuil luachmhoir
a thuit air raointean reòta fuara
nam beann Spàinnteach bho fhòirne cruadhach?

Dé gach cuach de d' chual òr-bhuidh
ris gach bochdainn, àmhghar 's dórainn
a thig 's a thàinig air sluagh na h-Eòrpa
bho Long nan Daoine gu daors' a' mhòr-shluaigh?

EDINBURGH

Often when I called Edinburgh
a grey town without darting sun,
it would light up with your beauty,
a refulgent, white-starred town.

THE SUNNY FOLD

To my eyes you were Deirdre
beautiful in the sunny cattle-fold
you were MacBride's wife
in her shining beauty.
You were the yellow-haired girl of Cornaig
and the Handsome Fool's Margaret,
Strong Thomas's Una,
Cuchulainn's Eimhir, and Grainne.
You were the one of the thousand ships,
desire of poets and death of heroes,
you were she who took the rest
and the peace from the heart of William Ross,
the Audiart who plagued De Born,
and Maeve of the drinking horns.

And if it is true that any one
of them reached your beauty,
it must have been with a gracious spirit
shaped in a beautiful face.
And therefore I ought
to fashion for you the Dàn Dìreach
that would catch every beauty
that has kindled the imagination of Europe.
There ought to appear in its course
the vehemence of Spain complete,
the acuteness of France and Greece,
the music of Scotland and of Ireland.

DUN-EIDEANN

Tric 's mi gabhail air Dùn-éideann
baile glas gun ghathadh gréine,
's ann a lasadh e le d' bhòidhche,
baile lòghmhor geal-reultach.

A' BHUAILE GHREINE

Do m' shùilean-sa bu tu Deirdre
's i bòidheach 's a' bhuaile ghréine:
bu tu bean Mhic Ghille Bhrìghde
ann an àilleachd a lìthe.
Bu tu nighean bhuidhe Chòrnaig
is Mairearad an Amadain Bhòidhich,
an Una aig Tómas Làidir,
Eimhir Chù Chulainn agus Gràinne,
but tu té nam mìle long,
ùidh nam bàrd is bàs nan sonn,
's bu tu an té a thug an fhois
's an t-sìth bho chridhe Uilleim Rois,
an Audiart a bhuair De Born
agus Maoibhe nan còrn.

Agus ma 's eadh is fìor gun d' ràinig
aon té dhiubh-san t' àilleachd,
tha fhios gum b' ann le spiorad gràsmhor
air a dhealbh an aghaidh àlainn.
Agus uime sin bu chòir dhomh
'n Dàn Dìreach a chur air dòigh dhut
a ghlacadh gach uile bhòidhchead
a las mac-meanmna na h-Eòrpa.
Bu chòir nochdadh 'na iomchar
dianas na Spàinne gu h-iomlan,
geur aigne na Frainge is na Gréige,
ceòl na h-Albann 's na h-Eireann.

I ought to put every effect
that Norway and Ireland
and old Scotland gave to my people
together in mellowness
and to offer them to the wonder
that is fair and shapely in your face.

And since I am not one of them —
MacBride or Naoise,
Thomas Costello or MacDonald,
Bertrans or the Handsome Fool,
Cuchulainn or great Fionn or Diarmad —
it is my dilemma to seize
in tormented verses the longing
that takes the spirit of sad poets,
to raise and keep as I would like,
direct and well-formed in the poem for you,
old and new and full,
the form and spirit of every beauty:
together in the image of joy,
paean-like, deep, jewel-like,
the acuteness of France and Greece,
the music of Ireland and of Scotland.

THE SELLING OF A SOUL

A poet struggling with the world's condition,
prostitution of talents and the bondage
with which the bulk of men have been deceived,
I am not, I think, one who would say
that the selling of the soul would give respite.

16

Bha còir agam gach uile éifeachd
a thug Lochlann is Eire
is Alba àrsaidh do mo dhaoine
a chur cuideachd an caoine
agus an ìobairt do 'n ìoghnadh
tha geal dealbhte an clàr t' aodainn.

Agus a chionn nach mise aon diubh —
Mac Ghille Bhrìghde no Naoise,
Tómas Ua Custuil no Mac Dhòmhnaill,
Bertrans no 'n t-Amadan Bòidheach,
Cù Chulainn no Fionn mór no Diarmad —
's e mo chàs-sa an iargain
a ghabhas spiorad nam bàrd cianail
a ghlacadh anns na ranna pianta,
a thogail 's a chumail mar a b' àill leam
dìreach, cuimir anns an dàn dhut,
sean agus ùr is lànmhor,
cumadh is meanmna gach àilleachd;
còmhla an ìomhaigh an éibhneis,
luathghaireach, domhain, leugach,
geur-aigne na Frainge 's na Gréige,
ceòl na h-Albann is na h-Eireann.

REIC ANAMA

Bàrd a' strì ri càs an t-saoghail,
siùrsachd bhuadhan is an daorsa
leis na mhealladh mór-roinn dhaoine,
cha mhise fear a chanadh, shaoil liom,
gun tugadh reic an anama faochadh.

17

But I did say to myself, and not once,
that I would sell my soul for your love
if lie and surrender were needed.
I spoke this in haste without thinking
that it was black blasphemy and perversion.

Your forgiveness to me for the thought
that you were one who would take a poor creature
of a little weak base spirit
who could be sold, even for the graces
of your beautiful face and proud spirit.

Therefore, I will say again now,
that I would sell my soul for your sake
twice, once for your beauty
and again for that grace
that you would not take a sold and slavish spirit.

PRAYER

Because there is no refuge
and because my desire
is only the vain reflection of a story,
there is only: let me strengthen
my own spirit against agony.

For I have seen Spain lost,
a sight that has made my eyes salt,
and a tingling cry that has slowed
the movement of my heart of pride
with the nothingness and the death of the great.

Ach thubhairt mi rium fhìn, 's cha b' aon-uair,
gun reicinn m' anam air do ghaol-sa
nam biodh feum air bréig is aomadh.
Thubhairt mi an deifir sin gun smaointinn
gum b'e an toibheum dubh 's an claonadh.

Do mhaitheanas dhomh air son na smuaine
gum b' thusa té a ghabhadh truaghan
de spiorad beag lag suarach
a ghabhadh reic, eadhon air buadhan
t' aodainn àlainn 's do spioraid uallaich.

Uime sin, their mi rithist, an dràsda,
gun reicinn m' anam air do sgàth-sa
dà uair, aon uair air son t' àilleachd
agus uair eile air son a' ghràis ud,
nach gabhadh tu spiorad reicte tràilleil.

A chionn nach eil dìon ann
agus a chionn nach eil m' iarrtas
ach 'na fhaileas faoin sgialachd,
chan eil ann ach: dèanam làidir
m' aigne fhìn an aghaidh àmhghair.

Oir chunnaic mi an Spàinn caillte,
sealladh a rinn mo shùilean saillte,
agus gaoir a chuir maille
air iomchar mo chridhe àrdain
le neoinitheachd is bàs nan sàr-fhear.

We see again, now,
the oppression of the heart and the death of pride
and the miserable nothingness
of every brave generous hope
by which we are separated from chill death.

Young Cornford had this in his heroism,
the fear of the thought of his love being near him
when Spain was a fast-day for him:
fear of his loss in the man,
fear of the fear in the hero.

What fear will I have
before the chill floods of the surge
now since I have heard their murmur?
It is said that a nightmare will be seen,
death and famine choking gladness,

that famine will be seen in the fields,
the mighty feebleness in her leanness
that will take life and love from us,
that will lay low to the grave
with hunger and spiritless despair.

But do you think I will pray
to my own spirit against my own desire,
stoppage of my heart, blinding of eyes?
Will I beg that love of you be torn
from the roots of my choked heart?

Will I ask that my heart be purified
from the weakness of my pure white love,
will I ask for a flayed spirit
even in order that I be found in the madness
as brave as Dimitrov or as Connolly?

Just now I understand
that a fragmentation has come in this case,

Chì sinn a rithist an dràsda
claoidh cridhe 's bàs an àrdain
agus neoinitheachd neo-àghmhor
anns gach dòchas treun faoilidh
le 'n sgarar sinn bho 'n bhàs aognuidh.

Bha seo aig Cornford òg 'na ghaisge,
eagal smuain a ghaoil bhith faisg air
nuair bha an Spàinn 'na latha-traisg dha,
eagal a challa air an duine,
eagal an eagail air a' churaidh.

Dé an t-eagal a bhios ormsa
roimh thuiltean aognuidh an onfhaidh
a nis on chuala mi am monmhar?
Theirear gum faicear trom-laighe,
am bàs 's a' ghort a' tachdadh aighir;

gum faicear a' ghort air na raointean,
an eislig chumhachdach 'na caoile,
a bheir a' bheatha is an gaol bhuainn,
a leagas sìos a dh' ionnsaigh uaghach
le acras is eu-dochas neo-uallach.

Ach saoil sibh an dèan mi ùrnuigh
ri m' spiorad fhìn an aghaidh m' ùidhe,
stad mo chridhe, dalladh shùilean?
An guidh mi do ghaol bhith air a shracadh
á friamhaichean mo chridhe thachdte?

An iarr mi mo chridhe bhith glainte
bho anfhannachd mo ghaoil ghlain ghil,
an iarr mi spiorad 's e air fhaileadh
eadhon gum faighear anns a' bhoile mi
cho treun ri Dimitrov no ri O Conghaile?

Tha mi a' tuigsinn an dràsda
gun tàinig lìonsgaradh 'sa' chàs seo,

the struggle of deathless humankind:
the being before the hardest choice,
death is immortal life or a death-like life.

My life the death-like life
because I have not flayed the heart of my fullness of love
because I have given a particular love,
because I would not cut away the love of you,
and that I preferred a woman to crescent History.

I saw the branching blood rising,
the bonfire of the spirit on the mountains,
the poor world losing its wounds:
I sensed and understood the meaning of the cry
though my heart had not been flayed.

He whose heart has been washed
will go through fire without turning;
he will ascend the great mountain without homesickness;
I did not get such a spirit
since my heart is only half flayed.

This prayer is the hard and sorry prayer,
the blasphemous imperfect prayer,
the crooked perverted prayer that turns back,
the prayer that I may pray
without praying to reach the substance.

I have heard of unhappy death
and about the hunger of loathsome famine
coming in pursuit of treachery.
How will I stand up against their cavalry
since my heart is but half flayed?

When the spirit has been flayed,
it will lose every shadow,
it will lose every faintness.

gleachd a' chinne-daonna neo-bhàsmhor:
an neach mu choinneamh roghainn sàr-chruaidh,
bàs 'sa' bheatha bhiothbhuain no beatha bhàsail.

Mo bheatha-sa a' bheatha bhàsail
a chionn nach d' fhail mi cridhe mo shàth-ghaoil,
a chionn gun tug mi gaol àraidh,
a chionn nach sgarainn do ghràdh-sa
's gum b' fheàrr liom boireannach
na 'n Eachdraidh fhàsmhor.

Chunnaic mi 'n fhuil chraobhach ag éirigh,
tein-aighir an spioraid air na sléibhtean,
an saoghal truagh ag call a chreuchdan:
thuig is thùr mi fàth an langain
ged nach robh mo chridhe air fhaileadh.

Esan dh' am bheil an cridhe air ionnlaid
théid e troimh theine gun tionndadh,
dìridh e bheinn mhór gun ionndrainn;
cha d' fhuair mise leithid de dh' anam
's mo chridhe ach air leth-fhaileadh.

'S e 'n ùrnuigh seo guidhe na duilghe,
an guidhe toibheumach neo-iomlan,
guidhe cam coirbte an tionndaidh,
an guidhe gun dèan mi guidhe,
gun ghuidhe 'n t-susbaint a ruigheachd.

Chuala mi mu bhàs neo-aoibhneach
agus mu acras gorta oillteil
a' tighinn an tòrachd na foille.
Ciamar a sheasas mi ri 'm marc-shluagh
's gun mo chridhe ach leth-fhailte?

An uair tha 'n spiorad air fhaileadh
caillidh e gach uile fhaileas,
caillidh e gach uile fhannachd.

23

But who will call my white love
surrender, faintness or shadow?

No catechist or examiner is needed
to see that there is not in my prayer
Effectual Calling or sincerity,
and though I am clear-sighted in scripture
that my spirit is not one-fold.

Since the blame will not be put on gods,
who are only the shadow of desire,
and to avoid the man Christ,
I do not feel kindly towards Nature,
which has given me the clear whole understanding,
the single brain and the split heart.

THE CHOICE

I walked with my reason
out beside the sea.
We were together but it was
keeping a little distance from me.

Then it turned saying:
is it true you heard
that your beautiful white love
is getting married early on Monday?

I checked the heart that was rising
in my torn swift breast
and I said: most likely;
why should I lie about it?

24

Ach có a ghabhas air mo gheal ghaol
aomadh, fannachd no faileas?

Cha ruigear a leas ceistear no sgrùdair
a dh' fhaicinn nach eil 'nam ùrnuigh
a' Ghairm Eifeachdach no 'n Dùrachd,
's ged tha mi soilleir anns an fhìrinn
nach eil mo spiorad aon-fhillte.

A chionn nach cuirear coire air diathan,
nach eil ach 'nam faileas iarraidh,
agus a sheachnadh an duine Crìosda,
chan eil mo chaomhachd ris an Nàdur
a thug an tuigse shoilleir shlàn dhomh,
an eanchainn shingilte 's an cridhe sgàinte.

AN ROGHAINN

Choisich mi cuide ri mo thuigse
a-muigh ri taobh a' chuain;
bha sinn còmhla ach bha ise
a' fuireach tiotan bhuam.

An sin thionndaidh i ag ràdha:
a bheil e fìor gun cual
thu gu bheil do ghaol geal àlainn
a' pòsadh tràth Di-luain?

Bhac mi 'n cridhe bha 'g éirigh
'nam bhroilleach reubte luath
is thubhairt mi: tha mi cinnteach;
carson bu bhriag e bhuam?

How should I think that I would grab
the radiant golden star,
that I would catch it and put it
prudently in my pocket?

I did not take a cross's death
in the hard extremity of Spain
and how then should I expect
the one new prize of fate?

I followed only a way
that was small, mean, low, dry, lukewarm,
and how then should I meet
the thunderbolt of love?

But if I had the choice again
and stood on that headland,
I would leap from heaven or hell
with a whole spirit and heart.

Ciamar a smaoinichinn gun glacainn
an rionnag leugach òir,
gum beirinn oirre 's cuirinn i
gu ciallach 'na mo phòc?

Cha d' ghabh mise bàs croinn-ceusaidh
ann an éiginn chruaidh na Spàinn
is ciamar sin bhiodh dùil agam
ri aon duais ùir an dàin?

Cha do lean mi ach an t-slighe chrìon
bheag ìosal thioram thlàth,
is ciamar sin a choinnichinn
ri beithir-theine ghràidh?

Ach nan robh 'n roghainn rithist dhomh
's mi 'm sheasamh air an àird,
leumainn á neamh no iutharna
le spiorad 's cridhe slàn.

AITEAL

A Gleam

'The innocent and the beautiful
Have no enemy but time.'
                                    W B Yeats

I thought that I believed from you
the shapely words of that little poem,
and it seems to me that I did not think
that I would see the declension of their deceit.

But I understood that your thought was idle
when I saw on that Monday,
with my own eyes, the steel helmet
on my darling's very beautiful head.

MULTITUDE

Multitude of the skies,
golden riddle of millions of stars,
cold, distant, lustrous, beautiful,
silent, unfeeling, unwelcoming.

Fullness of knowledge in their course,
emptiness of chartless ignorance,
a universe moving in silence,
a mind alone in its bounds.

Not they moved my thoughts,
not the marvel of their chill course;
to us there is no miracle but in love,
lighting of a universe in the kindling of your face.

AN CLOGAD STAILINN

> 'The innocent and the beautiful
> Have no enemy but time.'
>   W B Yeats

Bha dùil liom gun do chreid mi bhuat-sa
briathran cuimir an duain ud;
agus ar liom nach do shaoil mi
gum faicinn aomadh an cluaine.

Ach thuig mi gum b' fhaoin do smuain-sa
nuair chunnaic mi an Di-luain sin
le m' shùilean fhìn an clogad stàilinn
air ceann àlainn mo luaidhe.

LIONMHOIREACHD

Lìonmhoireachd anns na speuran,
òr-chriathar muillionan de reultan,
fuar, fad as, lòghmhor, alainn,
tosdach, neo-fhaireachdail, neo-fhàilteach.

Lànachd an eòlais m' an cùrsa,
failmhe an aineolais gun iùl-chairt,
cruinne-cé ag gluasad sàmhach,
aigne leatha fhéin 'san àruinn.

Chan iadsan a ghluais mo smaointean,
chan e mìorbhail an iomchair aognuidh,
chan eil a' mhìorbhail ach an gaol dhuinn,
soillse cruinne an lasadh t' aodainn.

THE FOOL

When you said that beauty
was only relative and with a defect
what I thought was:
think, lovely fool,
would that be said to Naoise
when he approached Argyle?

Nuair thuirt thu nach robh bhòidhche
ach cosamhlach is le fàiling
's ann bha mise smaointinn:
saoil, òinseach àlainn,
an cainte sin ri Naoise
nuair thaobh e Earra-Ghàidheal?

AN TRAIGH THATHAICH

The Haunted Ebb

DOGS AND WOLVES

Across eternity, across its snows
I see my unwritten poems,
I see the spoor of their paws dappling
the untroubled whiteness of the snow:
bristles raging, bloody-tongued,
lean greyhounds and wolves
leaping over the tops of the dykes,
running under the shade of the trees of the wilderness
taking the defile of narrow glens,
making for the steepness of windy mountains;
their baying yell shrieking
across the hard barenesses of the terrible times,
their everlasting barking in my ears,
their onrush seizing my mind:
career of wolves and eerie dogs
swift in pursuit of the quarry,
through the forests without veering,
over the mountain tops without sheering;
the mild mad dogs of poetry,
wolves in chase of beauty,
beauty of soul and face,
a white deer over hills and plains,
the deer of your gentle beloved beauty,
a hunt without halt, without respite.

THE BOLSHEVIK

A Bolshevik who never gave heed
to queen or to king,
if we had Scotland free,
Scotland equal to our love,
a white spirited generous Scotland,
a beautiful happy heroic Scotland,
without petty paltry foolish bourgeoisie

COIN IS MADAIDHEAN-ALLAIDH

Thar na sìorruidheachd, thar a sneachda,
chì mi mo dhàin neo-dheachdte,
chì mi lorgan an spòg a' breacadh
gile shuaimhneach an t-sneachda;
calg air bhoile, teanga fala,
gadhair chaola 's madaidhean-allaidh
a' leum thar mullaichean nan gàradh
a' ruith fo sgàil nan craobhan fàsail
ag gabhail cumhang nan caol-ghleann
a' sireadh caisead nan gaoth-bheann;
an langan gallanach a' sianail
thar loman cruaidhe nan àm cianail,
an comhartaich bhiothbhuan na mo chluasan
an deann-ruith ag gabhail mo bhuadhan:
réis nam madadh 's nan con iargalt
luath air tòrachd an fhiadhaich
troimh na coilltean gun fhiaradh,
thar mullaichean nam beann gun shiaradh;
coin chiùine caothaich na bàrdachd,
madaidhean air tòir na h-àilleachd,
àilleachd an anama 's an aodainn,
fiadh geal thar bheann is raointean,
fiadh do bhòidhche ciùine gaolaich,
fiadhach gun sgur gun fhaochadh.

AM BOILSEABHACH

'S mi 'm Bhoilseabhach nach tug suim
riamh do bhànrainn no do rìgh,
nan robh againn Alba shaor,
Alba co-shìnte ri ar gaol,
Alba gheal bheadarrach fhaoil,
Alba àlainn shona laoch;
gun bhùirdeasachd bhig chrìon bhaoith,

37

without the loathsomeness of capitalists,
without hateful crass graft;
the mettlesome Scotland of the free
the Scotland of our blood, the Scotland of our love,
I would break the legitimate law of kings,
I would break the sure law of the wise,
I would proclaim you queen of Scotland
in spite of the new republic.

LET ME LOP . . .

Let me lop off with sharp blade every grace
that your beauty put in my verse,
and make poems as bare and chill
as Liebknecht's death or slavery,
let me burn every tree branch
that grew joyous above grief,
and put the people's anguish
in the steel of my lyric.

MACINTYRE AND ROSS

The lot of poet is not
divorced from others' dispensation:
fortune was with Duncan Ban
and William Ross got his fill
of anguish, of consumption and death.

38

gun sgreamhalachd luchd na maoin',
's gun chealgaireachd oillteil chlaoin,
Alba aigeannach nan saor,
Alba 'r fala, Alba 'r gaoil,
bhristinn lagh dligheach nan rìgh,
bhristinn lagh cinnteach shaoi,
dh' éighinn 'nad bhànrainn Albann thu
neo-ar-thaing na Poblachd ùir.

SGATHAM...

Sgatham le faobhar-roinn gach àilleachd
a chuir do bhòidhche 'nam bhàrdachd,
's dèanam dàin cho lom aognaidh
ri bàs Liebknecht no daorsa;
loisgeam gach meanglan craoibhe
a dh' fhàs aoibhneach thar duilghe
's cuiream diachainn an t-sluaigh
an iarunn-cruadhach mo dhuain.

MAC AN T-SAOIR IS ROS

Chan eil freasdal nam bàrd
dealaichte bho fhreasdal chàich:
bha 'm fortan le Donnchadh Bàn
is fhuair Uilleam Ros a shàth
de'n àmhghar, de'n chaitheamh 's de'n bhàs.

GENTLE NIGHT

Come before me, gentle night,
starred blue sky and dew,
though there is not purged from any airt
the world's poverty and Spain's shivering cry,
a night when Maol Donn sings
a ceòl mór of gentleness on the mountain,
a night with my love in her beauty,
a night whose completeness hides
from my own eyes the shadow
I cast on the horizon;
come to me blue and round,
and I will thoughtlessly comprehend
the piercing music of Maol Donn's theme.

EBB

I am not striving with the tree that will not bend for me,
and the apples will not grow on any branch;
it is not farewell to you; you have not left me.
It is the ebb of death with no floodtide after it.

Dead stream of neap in your tortured body,
which will not flow at new moon or at full,
in which the great springtide of love will not come —
but a double subsidence to lowest ebb.

SHORES

If we were in Talisker on the shore
where the great white mouth
opens between two hard jaws,
Rubha nan Clach and the Bioda Ruadh,

OIDHCHE CHIUIN

Thig am chomhair, oidhche chiùin,
gorm reultachd adhair agus driùchd,
ged nach glanar bho aon àird
bochdainn saoghail, gaoir na Spàinn;
oidhche is Maol Donn a' seinn
ceòl mór ciùine air a' bheinn,
oidhche is mo ghaol 'na lì,
oidhche air nach fhaicear mi
le m' shùilean fhìn, a chionn lànachd,
ag cur dubhair air an fhàire:
thig am chomhair gorm, cruinn
is cuiridh mi air dòigh gun shuim
gathadh ùrlair ciùil Mhaoil Duinn.

MUIR TRAIGH

Chan eil mi strì ris a' chraoibh nach lùb rium
's cha chinn na h-ùbhlan air géig seach geug:
cha shoraidh slàn leat, cha d' rinn thu m' fhàgail:
's e tràigh a' bhàis i gun mhuir-làn 'na déidh.

Marbh-shruth na conntraigh 'nad chom ciùrrte
nach lìon ri gealaich ùir no làin,
anns nach tig reothairt mhór an t-sùgraidh —
ach sìoladh dùbailt gu muir-tràigh.

TRAIGHEAN

Nan robh sinn an Talasgar air an tràigh
far a bheil am bial mór bàn
a' fosgladh eadar dà ghiall chruaidh,
Rubha nan Clach 's am Bioda Ruadh,

I would stand beside the sea
re-newing love in my spirit
while the ocean was filling
Talisker bay forever:
I would stand there on the bareness of the shore
until Prishal bowed his stallion head.

And if we were together
on Calgary shore in Mull,
between Scotland and Tiree,
between the world and eternity,
I would stay there till doom
measuring sand, grain by grain,
and in Uist, on the shore of Homhsta
in presence of that wide solitude,
I would wait there for ever,
for the sea draining drop by drop.

And if I were on the shore of Moidart
with you, for whom my care is new,
I would put up in a synthesis of love for you
the ocean and the sand, drop and grain.
And if we were on Mol Stenscholl Staffin
when the unhappy surging sea dragged
the boulders and threw them over us,
I would build the rampart wall
against an alien eternity grinding.

THE BLUE RAMPART

But for you the Cuillin would be
an exact and serrated blue rampart
girdling with its march-wall
all that is in my fierce heart.

42

sheasainn-sa ri taobh na mara
ag ùrachadh gaoil 'nam anam
fhad 's a bhiodh an cuan a' lìonadh
camus Thalasgair gu sìorruidh:
sheasainn an sud air lom na tràghad
gu 'n cromadh Priseal a cheann àigich.

Agus nan robh sinn cuideachd
air tràigh Chalgaraidh am Muile,
eadar Alba is Tiriodh,
eadar an saoghal 's a' bhiothbhuan,
dh' fhuirichinn an sud gu luan
a' tomhas gainmhich bruan air bhruan.
Agus an Uidhist air tràigh Hòmhstaidh
fa chomhair farsuingeachd na h-ònrachd,
dh' fheithinn-sa an sud gu sìorruidh
braon air bhraon an cuan a' sìoladh.

Agus nan robh mi air tràigh Mhùideart
còmhla riut, a nodhachd ùidhe,
chuirinn suas an co-chur gaoil dhut
an cuan 's a' ghaineamh, bruan air bhraon dhiubh.
'S nan robh sinn air Mol Steinnseil Stamhain
's an fhairge neo-aoibhneach a' tarruing
nan ulbhag is 'gan tilgeil tharainn,
thogainn-sa am balla daingeann
roimh shìorruidheachd choimhich 's i framhach.

AM MUR GORM

Mur b'e thusa bhiodh an Cuilithionn
'na mhùr eagarra gorm
ag crioslachadh le bhalla-crìche
na tha 'nam chridhe borb.

43

But for you the sand
that is in Talisker compact and white
would be a measureless plain to my expectations
and on it the spear desire would not turn back.

But for you the oceans
in their unrest and their repose
would raise the wave-crests of my mind
and settle them on a high serenity.

And the brown brindled moorland
and my reason would co-extend —
but you imposed on them an edict
above my own pain.

And on a distant luxuriant Summit
there blossomed the Tree of Strings,
among its leafy branches your face,
my reason and the likeness of a star.

THE KNIFE

The knife of my brain made incision,
my dear, on the stone of my love,
and its blade examined every segment
and my eye took its colour.

I turned every jewel fragment
under a sharp cold glass
and under the flame of my reason,
which tried them hundreds of times.

After knife, glass, fire,
and the sharp-pointed blades,
lopping, cutting, burning, scrutiny,
there was no change on its aspect.

44

Mur b'e thusa bhiodh a' ghaineamh
tha 'n Talasgar dùmhail geal
'na clàr biothbhuan do mo dhùilean,
air nach tilleadh an rùn-ghath.

'S mur b'e thusa bhiodh na cuantan
'nan luasgan is 'nan tàmh
a' togail càir mo bhuadhan,
'ga cur air suaimhneas àrd.

'S bhiodh am monadh donn riabhach
agus mo chiall co-shìnt' —
ach chuir thusa orra riaghladh
os cionn mo phianaidh fhìn.

Agus air creachainn chéin fhàsmhoir
chinn blàthmhor Craobh nan Teud,
'na meangach duillich t' aodann,
mo chiall is aogas réil.

AN SGIAN

Rinn sgian m' eanchainn gearradh
air cloich mo ghaoil, a luaidh,
is sgrùd a faobhar gach aon bhearradh
is ghabh mo shùil a thuar.

Thionndaidh mi gach mìrean léige
fo ghloine gheur fhuair
is fo mo lasair chéille,
a dh' fhiach iad ceudan uair.

An déis sgeine, gloine, teine
is gath nam faobhar giar,
beumadh, gearradh, losgadh, sgrùdadh,
cha robh caochladh air a fiamh.

The charm-stone cut in a thousand fragments
as whole as it ever was,
ground into a powder
but dense jewelled sharp.

As it increased in the number
of cut and brittle fragments,
so it took unity,
alone hard and taut.

It swelled to the size of a thousand oceans
and every fragment became a drop,
but it was a water that went to hardness
with the tightening swelling of love.

The stone that was cut
out of my own narrow spirit
was clipped to the greatness
that would contain the land of the world.

Pick-axed out of my body, its great size
was above my farthest measurement,
and like a fragment, its mother-rock crouched
in the star Betelgeuse.

The love-stone that came from my brain
took on the strong mettle
that it was a mother-spirit
to its own mother brain.

The love begotten by the heart
is the love that is in free chains
when it takes, in its spirit,
a brain love of its love.

An t-sian-chlach geàrrt' am mìle mìrean
cho slàn 's a bha i riamh,
air a prannadh ann am fùdar
ach dùmhail leugach giar.

Mar a rachadh i an àireamh
nam bruan geàrrte prann
's ann a ghabhadh i aonachd
'na h-aonar cruaidh teann.

Dh' at i gu meud mìle chuantan
is chaidh gach bruan 'na bhraon,
ach b'i uisge chaidh an cruadal
le teannachadh at gaoil.

Bha a' chlach a fhuair a gearradh
á m' aigne chumhang fhìn
air a bearradh gus a' mhórachd
a thoilleadh domhain-thìr.

Pioct' as mo chom, bha a miadachd
os cionn mo thomhais chéin
's mar bhruan chrùb a creag-màthar
am Betelgeuse nan reul.

A' chlach ghaoil a thàinig á m' eanchainn
's i ghabh am meanmna treun
gun robh i 'na màthair-meanmna
d' a màthair-eanchainn fhéin.

'S e 'n gaol ginte leis a' chridhe
an gaol tha 'n geimhlich shaoir
an uair a ghabhas e 'na spiorad
gaol eanchainn air a ghaol.

And the stone that is broken
is the clear whole jewel
when it is pounded by a brain
to a greater hardness of its love.

Dear, if my heart love
of you were not like the hardness of the jewel,
surely it could be cut
by a hard sharp brain.

THE TWO

We are together, dear,
alone in Edinburgh
and your serene kind face
hides the hurt of your wounds.
I have as my share of you
a beautiful head and a torn body.

My misery is small tonight
beside the evil of your wounded body,
but with your misery my love
turns to white leaping flame,
burning in the turmoil of my head
my memory of the other,
of a more fortunate and more lovely one
who is married over in Ireland.

Agus 's e a' chlach tha briste
an leug shoilleir shlàn
nuair phrannar i le eanchainn
gu barrachd cruais a gràidh.

A luaidh, mur biodh gaol mo chridhe
ort mar chruas na léig
tha fhios gun gabhadh e gearradh
le eanchainn chruaidh gheur.

AN DITHIS

Tha sinn còmhla, a ghaoil,
leinn fhìn ann an Dùn-éideann,
is t' aodann suaimhneach còir
a' falach leòn do chreuchdan.
Tha agamsa mar chuibhrionn dhìot
ceann grinn is colainn reubte.

Is beag mo thruaighe-sa a nochd
seach olc do cholainn creuchdaich,
ach le do thruaighe-sa tha m' ghaol
air dhol 'na chaoir ghil leumraich,
a' losgadh am bruaillean mo chinn
mo chuimhne air an téile,
air té nas rathaile 's nas bòidhche
's i pòsda thall an Eirinn.

REMORSE

Remorse after the kisses
wounding me all the night:
that the pride of my love
is mocking your unhappy fate;
that the young strength of my body
was mocking the cause of your sorrow,
and your sad beauty going away, a ghost
on the grey broken road of your agony.

Why, God, did I not get the chance
before the young Lowlander tore your bloom,
before your beauty was made a thing of pity,
and before a golden banner was laid to the ground.

O God, the beauty of the garden,
though the grey canker is under the sheen of its
        blossoms,
which will not stay for the yellow gratitude of autumn
since time and root and top are plucked.

HUMILITY

With you my humility
is equal to my pride
and my submission and pride
are a permanent laughter-music.

Prostrate at your feet
my spirit is on high tip-toe
and my mind's pain and unrest
are an impetuous serene repose.

AITHREACHAS

Aithreachas an deaghaidh nam pòg
'ga mo leòn fad na h-oidhche:
gu bheil uabhar mo ghaoil
a' magadh air do chor mi-aoibhneach;
gu robh neart òg mo cholainn
a' fanaid air aobhar do thùrsa,
is t' àilleachd bhròin a' falbh 'na manadh
air rathad briste glas do chiùrraidh.

Carson, a Dhia, nach d' fhuair mi'n cothrom,
mun d' shrac an t-òigear Goill do bhlàth
mun d' rinneadh culaidh-thruais dhe d' bhòidhche
's mun d' leagadh suaithneas òir ri làr?

A Dhia, 'se bòidhche a' ghàrraidh
ged tha 'n giamh glas fo lì nam blàth,
nach fhan ri buidheachas an fhaghair
on bhuaineadh tìm is bun is bàrr.

IRISLEACHD

Mar riutsa tha m' irisleachd
co-ionann ri m' uaill
agus tha m' ùmhlachd is m' àrdan
'nan ceòl-gàire buan.

Sleuchdt' aig do chasan tha mo spiorad
air chorra-bhioda àrd
agus tha pian is luasgan m' aigne
'nam bras shuaimhneas tàimh.

And with you the meeting
that I have with myself
is as near me as my heart's marrow
when it goes on a far-off peak.

I have burst from the husk
which my life's condition imposed,
and my spirit's blossom has come
out of distress an adamant.

UNDER SAIL

My boat was under sail and the Clarach
laughing against its prow,
my left hand on the tiller
and the other in the winding of the sheet-rope.

On the second thwart to windward,
darling, you sat near me,
and your lit rope of hair
about my heart, a winding of gold.

God, if that course had been
to the destination of my desire,
the Butt of Lewis would not
have sufficed for my boat under sail.

'S 'nad fhaisge tha a' chòmhail
a th' agam rium fhéin
cho dlùth rium ri smior mo chridhe
's e falbh air binnean céin.

Fhuar mi faoisgneadh as a' chochull
a rinn cor mo réis
is dhiùchd barr-gùc m' anama
bho arraban 'na léig.

FO SHEOL

Bha 'm bàt agam fo sheòl 's a' Chlàrach
ag gàireachdaich fo sròin,
mo làmh cheàrr air falmadair
's an téile 'n suaineadh sgòid.

Air dara tobhta 'n fhuaraidh
shuidh thu, luaidh, 'nam chòir
agus do ròp laist' cuailein
mu m' chrìdh 'na shuaineadh òir.

A Dhia nan robh an cùrsa ud
gu mo cheann-uidhe deòin,
cha bhiodh am Buta Leódhasach
air fóghnadh do mo shèol.

53

PRUDENCE

My prudence said to my heart
when the very stars were being spoilt:
you are adding to a beauty
that will be your own wound;
it's on you that the wearying oppression will come
when the skies burst and stream with terror.

My spirit, bruised and decrepit, lay
in the loneliness of its pain,
shuddering before the monster
of the sharp cold floods,
and the chill cry of death choked
the brave green blossoming.

I myself would understand the torment
that is in the mere drowning
and the power of mutilation
that is in the roaring of the waves,
if you did not raise your face
to put the change of death on reason.

DAWN

You were dawn on the Cuillin
and benign day on the Clarach,
the sun on his elbow in the golden stream
and the white rose that breaks the horizon.

Glitter of sails on a sunlit firth,
blue of the sea and aureate sky,
the young morning in your head of hair
and in your clear lovely cheeks.

54

CRIONNACHD

Thuirt mo chrìonnachd ri mo chridhe
'n àm milleadh nan reul:
tha thu cur ri bòidhchid
a bhios gu d' leònadh fhéin,
's ann ortsa thig an claoidheadh
le maoim-shruth nan speur.

Laigh mo spiorad breòite
ann an ònrachd a phéin,
a' plosgartaich roimh uilebheist
nan tuiltean fuaraidh geur',
is thachd a' ghaoir aognaidh
an gorm-fhaoisgneadh treun.

Gun tuiginn fhìn an cràdhlot
a th' anns a' bhàthadh lom
agus brìgh a' mhàbaidh
th' an gàirich nan tonn,
mur togadh tusa t' aodann
chur caochlaidh air conn.

CAMHANAICH

Bu tu camhanaich air a' Chuilithionn
's latha suilbhir air a' Chlàraich,
grian air a h-uilinn anns an òr-shruth
agus ròs geal bristeadh fàire.

Lainnir sheòl air linne ghrianaich,
gorm a' chuain is iarmailt àr-bhuidh,
an òg-mhadainn 'na do chuailean
's na do ghruaidhean soilleir àlainn.

My jewel of dawn and night
your face and your dear kindness,
though the grey stake of misfortune is
thrust through the breast of my young morning.

I DO NOT SEE . . .

I do not see the sense of my toil
putting thoughts in a dying tongue
now when the whoredom of Europe
is murder erect and agony;
but we have been given the million years,
a fragment of a sad growing portion,
the heroism and patience of hundreds
and the miracle of a beautiful face.

THE HAUNTING

A face haunts me,
following me day and night,
the triumphant face of a girl
is pleading all the time.

It is saying to my heart
that a division may not be sought
between desire and the substance
of its unattainable object;

that mischance will not come on beauty
in spite of the growth of failings
because a day that has declined
is as free as the day tomorrow;

Mo leug camhanaich is oidhche
t' aodann is do choibhneas gràdhach,
ged tha bior glas an dòlais
troimh chliabh m' òg-mhaidne sàthte.

Chan fhaic mi fàth mo shaothrach
bhith cur smaointean an cainnt bhàsmhoir,
a nis is siùrsachd na Roinn-Eòrpa
'na murt stòite 's na cràdhlot;
ach thugadh dhuinn am muillion bliadhna
'na mhìr an roinn chianail fhàsmhoir,
gaisge 's foighidinn nan ciadan
agus mìorbhail aodainn àlainn.

AN TATHAICH

Tha aodann 'ga mo thathaich,
'ga mo leantuinn dh' oidhche 's latha:
tha aodann buadhmhor nìghne
's e sìor agairt.

Tha e labhairt ri mo chridhe
nach fhaodar sgaradh a shireadh
eadar miann agus susbaint
a' chuspair dho-ruighinn,

nach tig tubaist air àilleachd
a dh' aindeoin cinntinn nam fàiling
a chionn gum bheil là aomte
cho saor ri là màireach,

57

and that this period of time is
above every change and denial
that will shout insurrection
against its rule tomorrow;

because it now is
that its form and being will always be,
and that change cannot
maim its unity;

that the choice of the eye's desire
is as eternal as the secret thoughts
that have taken their lasting shape
in new words;

that it is quite as full of grace
as the art of the two Patricks
though it may not be expressed
by melody or cut stone,

and though the pictured board may not
offer its shape and colour
to the new generations
without the smooring that perverts.

O face, face, face,
will you lose, will you lose the wonder
with which your beauty has seized
a generous joy?

If stone or board will not take your likeness,
what will the art of music or verse do
if there is no way of putting this time
in a circumscribed predicament;

agus gum bheil an tràth so
os cionn gach caochlaidh 's àichidh
a ni ceannairc éigheach
r' a réim am màireach,

a chionn gum bheil i 'n dràsda
gum bi 'cruth 's a bith gu bràth ann
agus nach urrainn caochladh
a h-aonachd a mhàbadh,

gum bheil roghainn miann na sùla
cho biothbhuan ris na rùintean
a ghabh an cumadh sìorruidh
am briathran ùra,

gum bheil i cheart cho àghmhor
ri ealain an dà Phàdraig
ged nach cuir an céill i
ceòl réidh no clach gheàirrte,

's ged nach fhaod clàr dealbha
a cruth 's a dreach a thairgsinn
do na gineil ùra
gun smùradh coirbte.

O aodainn, aodainn, aodainn,
an caill, an caill thu 'n t-ìoghnadh
leis na ghlac do bhòidhche
sòlas faoilidh?

Mur gabh clach no clàr do shamhladh
dé ni ealaidh chiùil no ranntachd
mur eil seòl an tràth so
chur an càs staimhnte,

if there is no way of checking
this hour and holding it
in the sand of change
with the fluke of an anchor,

before it raises the new sails
on a course to oblivion
and before its sails are lost
to the sight of eye?

O face that is haunting me,
beautiful face that is speaking,
will you go away with this time
in spite of your pleading?

When the hoard of every memory decays
that will give you love or thought or care,
will you lose the delight of your unity,
vain and forgotten?

For you I would never seek
any lastingness for your beauty
but what would render it complete
exactly as it is.

I would not seek the action of music
that speaks many things to one's care:
I would not ask for one new thing
that I myself did not see in your face.

And painted board would give
memory only one gleam
though a third of your graces were kept
stored in its colours.

mur eil seòl air bacadh
na h-uarach so 's a glacadh
an gainmhich a' chaochlaidh
le faobhar acrach,

mun tog i na siùil ùra
gu diochuimhne air chùrsa
's mun caillear a bréidean
bho léirsinn sùla?

O aodainn a tha 'gam thathaich,
aodainn àluinn a tha labhairt,
an triall thu leis an àm so
neo-ar-thaing t' agairt?

'N uair chrìonas tasgadh gach cuimhne
a bheir gaol no smuain no suim dhuit,
an caill thu mealladh t' aonachd
's tu faoin gun chuimhn' ort?

Chan iarrainn-sa gu bràth dhut
aon bhiothbhuantachd do t' àilleachd
ach na liubhradh slàn i
dìreach mar a tha i.

Chan iarrainn gnìomhachd a' chiùil
's e ioma-bhriathrach ri ùidh:
chan iarrainn aon nì ùr
nach fhaca mi fhìn 'nad ghnùis.

Agus cha tugadh clàr dathte
do chuimhne ach aon aiteal
ged chuimteadh trian de d' bhuadhan
'na thuar an tasgadh.

Thus, o time and face,
you must be always together
so that at the end of the hour
graces are not surrendered.

O tract of time, when your reign
departs like the troubled mist,
to what newly lit consciousness
will your agitated motion be manifest?

O tract of time, and what ceases
of us with your steps,
where is the course
that will care for us or tell of us?

What was and what is now of us,
though they would last forever,
how would a tale of them come
from distant shores?

What eye will see them
or what ear will hear them
on their exposed forlorn journey
beyond a mind's thoughts?

What is the fourth dimension
that will bring this beauty to the ken
of eye, reason or any sense-perception
over the wastes of the abyss?

And what sense beyond senses
will perceive their beauty
when neither eye nor ear will show it,
nor taste nor touch nor smell,

Mar sin, a thràth is aodainn,
feumar 'ur cuideachd daonnan
los nach bi 'n ceann na h-uarach
buadhan aomte.

A thràth de thìm nuair dh' fhalbhas
do réim mar an allacheò,
dé am breannachadh ùr-laist'
do 'n diùchd t' fhalbhan?

O thràth de thìm, 's na thréigeas
dhinn-ne le do cheuman,
c' àit am bheil an cùrsa
bheir ùidh dhuinn no sgeul oirnn?

Na bha, 's na tha an dràsda,
ged mhaireadh iad gu bràth dhinn,
ciamar thigeadh sgeul orr'
bho chéin-thràighean?

Dé 'n t-sùil a ni am faicinn
no chluas a ni an claisteachd
's iad air turus faondraidh
bharr smaointean aigne?

Ciod e an ceathramh seòl-tomhais
a bheir an àilleachd so fa chomhair
sùla, reusain no aon chàileachd
thar fàsaichean glomhair?

Is dé a' chàil thar chàiltean
a mhothaicheas an àilleachd,
nuair nach nochd sùil no cluas i
blas, suathadh no fàileadh,

and when it is not folded
in a living memory or near
the swift-journeying thoughts
that renew their treasure?

If there is not found, for perception,
one other sense or dimension,
will your beauty have form or being
in the bounds of time and the eternal deep?

O face that is haunting me,
O eloquent marvel,
is there any port in time for you
or march-wall but earth?

O shapely human paean,
is there a dimension in the universe
that will give you a greater wholeness
than music, board or lyric?

Though the Red Army of humanity is
in the death-struggle beside the Dnieper,
it is not the deed of its heroism
that is nearest my heart,

but a face that is haunting me,
following me day and night,
the triumphant face of a girl
that is always speaking.

's nuair nach bi i paisgte
an cuimhne bheò no 'm faisge
ris na smuaintèannan siùbhlach
a dh' ùraicheas an tasgadh?

Mur faighear, air chor 's gum mothaich,
aon chàil eile no seòl-tomhais,
am bi cruth no bith aig t' àilleachd
an àrainn tìme 's domhainn?

O aodainn a tha 'gam thathaich,
a mhìorbhail a tha labhar,
am bheil aon phort an tìm dhuit
no balla-crìch ach talamh?

O luathghair dhaonda chuimir,
am bheil seòl-tomhais 'sa' chruinne
a bheir dhut barrachd slànachd
na ceòl no clàr no luinneag?

Ma tha Arm Dearg a' chinne
an gleachd bàis ri taobh an Dniepeir,
chan e euchd a ghaisge
as fhaisg' air mo chridhe,

ach aodann a tha 'gam thathaich,
'ga mo leantuinn dh' oidhche 's latha,
aodann buadhmhor nìghne
's e sìor labhairt.

O GHLEANN GU COILLE

From Glen to Wood

There is a little island in my memory,
lying on a sea of ten years,
a clear distant melancholy island,
an evening of longing and of thoughts,
and I alone and lonely
above the raised beach of Eyre.

The Sound was ruffled with north-west wind,
the south chill and thick,
the rugged head of Blaven misty and morose,
a glimmering clarity in the north-west,
putting a white pool about my longing
and about the bent grass of Glen Eyre.

That evening on the ridge
I realised the unhappy thing:
that there was a wall between joy
and my harsh little croft,
a boundary that would not be changed
to set joy free;

that my cows would not get at the pasture
that is on the far side of the march,
in spite of every struggle and persistence,
though MacLeans and MacLeods,
Nicolsons and MacDonalds,
were urging their claim;

that I would not get the thing I wanted,
with the gift of my environment and heredity
and with another gift, my talents;
that I could not stand on Blaven
and stay in the garden
where fruits were growing richly.

Tha eilean beag 'na mo chuimhne
's e 'na laighe air cuan deich bliadhna,
eilean soilleir, fad as, cianail,
feasgar an iarrtais is nan smaointean
agus mi leam fhìn 'nam aonar
os cionn faoilinn Aoighre.

Bha 'n linne greannach le gaoth 'n iar-thuath,
an àird a deas fuaraidh, dùmhail,
ceann sgorach Bhlàbheinn ceòthar, mùgach:
aiteal soilleireachd 'san iar-thuath
ag cur linne gheal mu m' iargain
agus mu shliabh Ghleann Aoighre.

Am feasgar ud air a' bhearradh
thuig mi an nì nach b' aoibhinn:
gun robh balla eadar aoibhneas
agus mo chroit bhig neo-chaomhail,
crìoch air nach tigeadh caochladh
a shaoradh aoibhneas;

nach ruigeadh mo chrodh air an fhiarach
a tha air taobh eile na crìche
a dh' aindeoin gach spàirn is dìchill,
ged bhiodh Leathanaich is Leòdaich,
Clann Mhic Neacail is Clann Dòmhnaill
air tòir an agairt;

nach fhaighinn-sa an nì a dh' iarr mi
le gibht mo dhùthchais is mo dhualchais,
agus le gibht eile, mo bhuadhan:
nach b' urrainn domh seasamh air Blàbheinn
agus fuireach anns a' ghàradh
far am b' fhàsmhor measan.

And though I were to climb Blaven,
it was only a mean mountain
from which I would not see a freedom of grasslands,
when my desire was on Kilimanjaro,
the Matterhorn and Nanga Parbit,
and the height of Everest.

And though I stayed where I was
without the toil and cold of the tops,
that my desire, the red ripe fragrant apple
would not fall into my hands,
and that it was not to be reached with surpassing effort
or with pride any more.

And my desire had left the heights
since I had seen the fresh apple,
the fragrant, delicate, exotic apple:
I would not get the satisfaction of the garden
nor any comfort on the heights,
with the divisive passion of my spirit.

My life running to the seas
through heather, bracken and bad grass,
on its fanked eerie course,
like the mean and shallow stream
that was taking its meagre way through a green patch
to the sea in the Kyle.

But again and again a spring tide came
to put beauty on the river foot,
to fill its destination with richness,
and sea-trout and white-bellied salmon came
to taste the water of the high hills
with flood-tide in Inver Eyre.

Agus ged dhìrichinn Blàbheinn
nach robh innte ach beinn shuarach
bho nach fhaicinn saorsa chluaintean,
agus m' ùidh air Kilimanjaro,
a' Mhatterhorn is Nanga Parbit
agus àirde Everest.

Agus ged dh' fhanainn far an robh mi
gun shaothair agus fuachd nam mullach,
nach tuiteadh mo mhiann, an t-ubhal
dearg, abaich, cùbhraidh 'na mo làmhan,
agus nach ruigteadh e le sàr strì
no le àrdan tuilleadh.

'S cha robh mo mhiann air na h-àirdean
o'n chunnaic mi an t-ubhal ùrar,
an t-ubhal coigreach, grinn, cùbhraidh:
chan fhaighinn sàsachadh a' ghàraidh
no aon fhurtachd air na h-àirdean
agus mo chàil air bhoile.

Mo bheatha ruith chun nan cuantan
troimh fhraoch is rainneach is droch fhiarach
air a cùrsa fangte, tiamhaidh,
mar an sruthan staoin suarach,
bha gabhail slighe chrìon troimh chluaineag
gu cuan anns a' Chaol.

Ach uair is uair thigeadh reothairt
a chur dreach air bun na h-aibhne,
a lìonadh a ceann-uidhe le saoibhreas;
is thigeadh gealag is bradan tàrr-gheal
a bhlaiseadh uisge nan àrd-bheann
ri làn an Inbhir Aoighre.

But base the sea-trout and white-bellied salmon
when one eye was on the top of the high hills
and the other on the beautiful apple:
and mountain and apple would not come to concord
nor any kind of beauty on the fields
about the shallow burn of Glen Eyre.

THE ISLAND
(to the Seven)

You gave me the valuable enough
and some mettlesome talent,
struggle, danger and pleasant high spirits
on the rugged tops of the Cuillin,
and under me a jewel-like island,
love of my people, delight of their eyes;
the Seven and the rest in Portree,
exercise of brain and spirit; strife
of Skye camans on the river bught,
battle-joy, joyous company;
and the nights of Edinbane,
beauty, drink and poets' novelties,
wit, satire, delight in full,
the Skye spirit at its height;
and nights on the slope of Lyndale,
the great Island with its many hills
lying in peace in the twilight,
grey-faced till the breaking of the sky

O great Island, Island of my love,
many a night of them I fancied
the great ocean itself restless
agitated with love of you
as you lay on the sea,
great beautiful bird of Scotland,

Ach suarach gealag is bradan tàrr-gheal
is aon t-sùil air mullach nan àrd-bheann
's an téile air an ubhal àlainn:
's cha tigeadh beinn is ubhal gu aonadh,
no gnè mhaise air na raointean
mu abhainn staoin Gleann Aoighre.

AN T-EILEAN
(do 'n t-Seachdnar)

Thug thu dhomh an cuibheas luachmhor
agus beagan mheanmnachd bhuadhan,
spàirn, cunnart agus aighear suilbhir
air mullaichean garbh' a' Chuilithinn,
agus fodham eilean leugach,
gaol mo chuideachd, mire 'n léirsinn,
an seachdnar is càch am Port-rìgh,
iomairt spioraid 's eanchainn; strì
chaman Sgitheanach air budha na h-aibhne,
mire chatha, comunn aoibhneach;
is oidhcheannan an Aodainn-Bhàin,
bòidhchead, òl, is annas bhàrd,
geurad, éisgeachd, éibhneas làn,
an aigne Sgitheanach aig a bàrr;
is oidhcheannan air ruighe Lìondail,
an t-Eilean mór 's a mheallan lìontach
'nan laighe sìthe anns a' chiaradh,
glaisneulach gu bristeadh iarmailt.

O Eilein mhóir, Eilein mo ghaoil,
is iomadh oidhche dhiubh a shaoil
liom an cuan mór fhéin bhith luasgan
le do ghaol-sa air a bhuaireadh
is tu 'nad laighe air an fhairge,
eòin mhóir sgiamhaich na h-Albann,

your supremely beautiful wings bent
about many-nooked Loch Bracadale,
your beautiful wings prostrate on the sea
from the Wild Stallion to the Aird of Sleat,
your joyous wings spread
about Loch Snizort and the world.

O great Island, my Island, my love,
many a night I lay stretched
by your side in that slumber
when the mist of twilight swathed you.
My love every leaflet of heather on you
from Rudha Hunish to Loch Slapin,
and every leaflet of bog-myrtle kin
from Stron Bhiornaill to the Garsven,
every tarn, stream and burn a joy
from Romisdale to Brae Eynort,
and even if I came in sight of Paradise,
what price its moon without Blaven?

Great Island, Island of my desire,
Island of my heart and wound,
it is not likely that the strife
and suffering of Braes will be seen requited
and it is not certain that the debts
of the Glendale Martyr will be seen made good;
there is no hope of your townships
rising high with gladness and laughter,
and your men are not expected
when America and France take them.

Pity the eye that sees on the ocean
the great dead bird of Scotland.

74

do sgiathan àlainn air an lùbadh
mu Loch Bhràcadail ioma-chùilteach,
do sgiathan bòidheach ri muir sleuchdte
bho 'n Eist Fhiadhaich gu Aird Shléite,
do sgiathan aoibhneach air an sgaoileadh
mu Loch Shnigheasort 's mu 'n t-saoghal!

O Eilein mhóir, m' eilein, mo chiall,
's iomadh oidhche shìn mi riamh
ri do thaobh-sa anns an t-suain ud
is ceò na camhanaich 'gad shuaineadh!
Is gràdhach liom gach bileag fraoich ort
bho Rudha Hùnais gu Loch Shlaopain,
agus gach bileag roid dhomh càirdeach
o Shròin Bhiornaill gus a' Ghàrsbheinn,
gach lochan, sruth is abhainn aoibhneach
o Ròmasdal gu Bràigh Aoineart,
agus ged a nochdainn Pàrras
dé b' fhiach a ghealach-san gun Bhlàbheinn?

Eilein Mhóir, Eilein mo dheòin,
Eilein mo chridhe is mo leòin,
chan eil dùil gum faicear pàighte
strì is allaban a' Bhràighe,
is chan eil cinnt gum faicear fiachan
Martarach Ghleann-Dail 's iad dìolte;
chan eil dòchas ri do bhailtean
éirigh àrd le gàire 's aiteas,
's chan eil fiughair ri do dhaoine
's Ameireaga 's an Fhraing 'gam faotainn.

Mairg an t-sùil a chì air fairge
ian mór marbh na h-Albann.

THE BLACK BOAT

Black boat, perfect Greek,
sail tack, sail belly full and white,
and you yourself complete in craft,
silent, spirited, flawless;
your course smooth, sorrowless, unfeeling;
they were no more skilled black ships
that Odysseus sailed over from Ithaca,
or Clanranald over from Uist,
those on a wine-dark sea,
these on a grey-green brine.

A HIGHLAND WOMAN

Hast Thou seen her, great Jew,
who art called the One Son of God?
Hast Thou seen on Thy way the like of her
labouring in the distant vineyard?

The load of fruits on her back,
a bitter sweat on brow and cheek,
and the clay basin heavy on the back
of her bent poor wretched head.

Thou hast not seen her, Son of the carpenter,
who art called the King of Glory,
among the rugged western shores
in the sweat of her food's creel.

This Spring and last Spring
and every twenty Springs from the beginning,
she has carried the cold seaweed
for her children's food and the castle's reward.

AM BATA DUBH

A bhàta dhuibh, a Ghreugaich choimhlionta,
cluas siùil, balg siùil làn is geal,
agus tu fhéin gu foirfeach ealanta,
sàmhach uallach gun ghiamh gun ghais;
do chùrsa réidh gun bhròn gun fhaireachadh;
cha b' iadsan luingis dhubha b' ealanta
a sheòl Odysseus a nall á Itaca
no Mac Mhic Ailein a nall á Uidhist,
cuid air muir fìon-dhorcha
's cuid air sàl uaine-ghlas.

BAN-GHAIDHEAL

Am faca Tu i, Iùdhaich mhóir,
ri 'n abrar Aon Mhac Dhé?
Am fac' thu 'coltas air Do thriall
ri strì an fhìon-lios chéin?

An cuallach mhiosan air a druim,
fallus searbh air mala is gruaidh;
's a' mhios chreadha trom air cùl
a cinn chrùibte bhochd thruaigh.

Chan fhaca Tu i, Mhic an t-saoir,
ri 'n abrar Rìgh na Glòir,
a miosg nan cladach carrach siar,
fo fhallus cliabh a lòin.

An t-earrach so agus so chaidh
's gach fichead earrach bho 'n an tùs
tharruing ise 'n fheamainn fhuar
chum biadh a cloinne 's duais an tùir.

77

And every twenty Autumns gone
she has lost the golden summer of her bloom,
and the Black Labour has ploughed the furrow
across the white smoothness of her forehead.

And Thy gentle church has spoken
about the lost state of her miserable soul,
and the unremitting toil has lowered
her body to a black peace in a grave.

And her time has gone like a black sludge
seeping through the thatch of a poor dwelling:
the hard Black Labour was her inheritance;
grey is her sleep to-night.

THE CLAN MACLEAN

Not they who died
in the hauteur of Inverkeithing
in spite of valour and pride
the high head of our story;
but he who was in Glasgow
the battle-post of the poor,
great John MacLean,
the top and hem of our story.

'S gach fichead foghar tha air triall
chaill i samhradh buidh nam blàth;
is threabh an dubh-chosnadh an clais
tarsuinn mìnead ghil a clàir.

Agus labhair T' eaglais chaomh
mu staid chaillte a h-anama thruaigh;
agus leag an cosnadh dian
a corp gu sàmhchair dhuibh an uaigh.

Is thriall a tìm mar shnighe dubh
a' drùdhadh tughaidh fàrdaich bochd;
mheal ise an dubh-chosnadh cruaidh;
is glas a cadal suain an nochd.

CLANN GHILL-EAIN

Chan e iadsan a bhàsaich
an àrdan Inbhir-chéitein
dh'aindeoin gaisge is uabhair
ceann uachdrach ar sgeula;
ach esan bha 'n Glaschu,
ursann-chatha nam feumach,
Iain mór MacGill-Eain,
ceann is fèitheam ar sgeula.

Cornford and Julian Bell
and Garcia Lorca
dead in Spain in the sacred cause
and the heart of love uncomforted;
feeble the body in the vigour
that puts beauty on poetry,
faint the heart with the effect
of the gall in beauty's sheen.

Cornford and Julian Bell
and Garcia Lorca
dead in Spain in the hard cause
and the heart of verse uncomfortable;
hoarse the grey Muse
who has taken the blight that rusts,
anguish in the heart of heroes
who have seen the decline of anger.

Cornford and Julian Bell
and Garcia Lorca
always going round in my head
and sky black without an opening.
Cornford and Julian Bell
and Garcia Lorca,
the poets will not get over your death
with the lie of the comfortable heart.

What to us the empire of Germany
or the empire of Britain
or the empire of France,
and every one of them loathsome?
But the grief is ours
in the sore frailty of mankind,
Lorca, Julian Bell and Cornford,
who did not wait for the fame of poets.

Cornford agus Julian Bell
agus Garcia Lorca
marbh 'san Spàinn 'san aobhar naomh
is cridhe ghaoil mi-shocrach:
neo-lùthmhor bodhaig leis an sgoinn
tha cur an loinn air bàrdachd,
anfhann an cridhe leis a' bhrìgh
th' aig domblas lì na h-àilleachd.

Cornford agus Julian Bell
agus Garcia Lorca
marbh 'san Spàinn 'san aobhar chruaidh
is cridhe 'n duain mi-shocrach;
tùchadh air a' Cheòlraidh ghlais,
a fhuair an gaiseadh meirge,
ànradh an spiorad nan laoch
a chunnaic claonadh feirge.

Cornford agus Julian Bell
agus Garcia Lorca
a' sìor dhol thimchioll 'nam cheann
is adhar dubh gun fhosgladh.
Cornford agus Julian Bell
agus Garcia Lorca,
chan fhaigh na bàird os cionn bhur n-éig
le bréig a' chridhe shocraich.

Dé dhuinne ìmpireachd na Gearmailt
no ìmpireachd Bhreatainn,
no ìmpireachd na Frainge,
's a h-uile té dhiubh sgreataidh!
ach 's ann duinne tha am bròn
ann am breòiteachd a' chinne:
Lorca, Julian Bell is Cornford,
nach d' fhan ri glòir nam filidh.

O fields of Spain
that saw the distress of miserable ones,
I did not take your agony
and the full grief of your passion:
those to whom you gave death
found the shade of the grave,
some of them left a happy world
and some the shriek of misery.

Cornford and Julian Bell
and Garcia Lorca,
it's you who have the grave
that is hard with a comfortable glory!
Cornford and Julian Bell
and Garcia Lorca,
to me seven times better your death
than the necessity of my case.

KINLOCH AINORT

A company of mountains, an upthrust of mountains
a great garth of growing mountains
a concourse of summits, of knolls, of hills
coming on with a fearsome roaring.

A rising of glens, of gloomy corries,
a lying down in the antlered bellowing;
a stretching of green nooks, of brook mazes,
prattling in the age-old mid-winter.

A cavalry of mountains, horse-riding summits,
a streaming headlong haste of foam,
a slipperiness of smooth flat rocks, small-bellied
       bare summits,
flat-rock snoring of high mountains.

O mhachraichean na Spàinne,
a chunnaic àmhghar thruaghan,
cha d' ghabh mise bhur cràdhlot
is sàthghal bhur buairidh;
an fheadhainn d' an tugadh bàs leibh
fhuair iad sgàil na h-uaghach;
dh' fhàg cuid dhiubh sonas saoghail
is cuid dhiubh gaoir na truaighe.

Cornford agus Julian Bell
agus Garcia Lorca,
's ann agaibhse a tha an uaigh
tha cruaidh le glòir socrach!
Cornford agus Julian Bell
agus Garcia Lorca,
bu sheachd feàrr leams' bhur n-eug
seach éiginn mo thorchairt!

CEANN LOCH AOINEART

Còmhlan bheanntan, stòiteachd bheanntan,
còrr-lios bheanntan fàsmhor,
cruinneachadh mhullaichean, thulaichean, shléibhtean,
tighinn 'sa' bheucaich ghàbhaidh.

Eirigh ghleanntan, choireachan ùdlaidh,
laighe 's a' bhùirich chràcaich;
sìneadh chluaineagan, shuaineagan srùlach,
brìodal 's an dùbhlachd àrsaidh.

Eachdraidh bheanntan, marcachd mhullaichean,
deann-ruith shruthanach càthair,
sleamhnachd leacannan, seangachd chreachainnean,
strannraich leacanach àrd-bheann.

83

A surge-belt of hill-tops,
impetuous thigh of peaks,
the murmuring bareness of marching turrets,
green flanks of Mosgary,
crumbling storm-flanks,
barbarous pinnacles of high moorlands.

CALVARY

My eye is not on Calvary
nor on Bethlehem the Blessed,
but on a foul-smelling backland in Glasgow,
where life rots as it grows;
and on a room in Edinburgh,
a room of poverty and pain,
where the diseased infant
writhes and wallows till death.

THE BLACK TREE

Christ's cross of crucifixion
has been spiking Europe's heart
for the course of two thousand years,
tearing the wounded spirit;
and the rotting of a harlot's disease
bruises it in a black way
that sees no proud mind
overcoming the frail sore body

Onfhadh-chrios mhullaichean,
confhadh-shlios thulaichean,
monmhar luim thurraidean màrsail,
gorm-shliosan Mhosgaraidh,
stoirm-shliosan mosganach,
borb-bhiodan mhonaidhean àrda.

CALBHARAIGH

Chan eil mo shùil air Calbharaigh
no air Betlehem an àigh
ach air cùil ghrod an Glaschu
far bheil an lobhadh fàis,
agus air seòmar an Dùn-éideann,
seòmar bochdainn 's cràidh,
far a bheil an naoidhean creuchdach
ri aonagraich gu bhàs.

AN CRANN DUBH

Tha crann-ceusaidh Chrìosda
's e spiacadh cridhe na Eòrpa
fad réis dà mhìle bliadhna
a' riabadh anama leòinte;
's tha lobhadh eucail siùrsaich
'ga bhruthadh 's e air seòl dubh
nach fhaic inntinn an àrdain
toirt bàrr air bodhaig bhreòite.

CONCHOBHAR

I will not leave them in the same grave
for the whole long night,
her fair breasts
to his great fair chest
throughout the night's eternity,
his mouth to her mouth, to her cheek,
for all the wet earth of the tomb:
the night would be longer than in Glen Da Ruadh,
sleep in Glen Etive was unrest;
this night will be long, the sleep tranquil,
the blind will need no eyes.

A SPRING

At the far edge of a mountain there is a green nook
where the deer eat water-cress,
in its side a great unruffled eye of water,
a shapely jewel-like spring.

One day I came with my love
to the side of the remote brook.
She bent her head down to its brink
and it did not look the same again.

I reached the distant little green
many a time again, alone
and when I looked into the swirling water
there was in it only the face of my treasure-trove.

But the glens were going away
and the pillared mountains were not waiting for me:
the hills did not look
as if my chanced-on treasure had been seen.

CONCHOBHAR

Chan fhàg mi 'san aon uaigh iad
fad fìn-shuaineach na h-oidhche,
a broilleach cìoch-gheal
ri uchd-san mór geal
tre shìorruidheachd na h-oidhche,
a bhial-san r' a bial, r' a gruaidh
air cho fliuch 's bhios ùir an tuaim:
b' fhaide 'n oidhche na 'n Gleann Da Ruadh,
bu luasgan cadal Gleann Eite;
bidh 'n oidhche fada, 'n cadal fòil,
gun dìth shùilean air na doill.

FUARAN

Tha cluaineag ann an iomall sléibh
far an ith na féidh lus biolaire;
'na taobh sùil uisge mhór réidh,
fuaran leugach cuimir ann.

Air latha thàinig mi le m' ghaol
gu taobh a' chaochain iomallaich,
chrom i h-aodann sìos ri bhruaich
's cha robh a thuar fhéin tuilleadh air.

Ràinig mi a' chluaineag chéin
a rithist liom fhéin iomadh uair,
agus nuair choimhead mi 'san t-srùlaich
cha robh ach gnùis té m' ulaidh innt'.

Ach bha na glinn is iad a' falbh
is calbh nam beann gun fhuireach rium,
cha robh a choltas air na sléibhtean
gum facas m' eudail ulaidhe.

AROS BURN

I do not remember your words,
even a thing you said,
but Aros Burn in the smell of honey-suckle
and the smell of bog-myrtle on Suishnish.

THE WOODS OF RAASAY

Straight trunks of the pine
    on the flexed hill-slope;
    green, heraldic helmets,
    green unpressed sea;
    strong, light, wind-headed,
    untoiling, unseeking,
    the giddy, great wood,
    russet, green, two plaitings.

Floor of bracken and birch
    in the high green room:
    the roof and the floor
    heavily coloured, serene;
    tiny cups of the primrose,
    yellow petal on green;
    and the straight pillars of the room;
    the noble restless pines.

You gave me helmets,
    victorious helmets,
    ecstatic helmets,
    yellow and green;
    bell-like helmets,
    proud helmets,
    sparkling helmets,
    brown-red helmets.

ABHAINN AROIS

Cha chuimhne liom do bhriathran,
eadhon nì a thubhairt thu,
ach Abhainn Arois an àileadh iadhshlait
is àileadh roid air Suidhisnis.

COILLTEAN RATHARSAIR

Gallain a' ghiuthais
    air lùthadh an fhirich;
    gorm-chlogadan suaithneis,
    muir uaine gun dinneadh;
    treun, aotrom, ceann-ghaothail,
    neo-shaothrach, gun shireadh,
    a' choille mhór ghuanach,
    ruadh, uaine, dà fhilleadh.

Urlar frainich is beithe
    air an t-seòmar àrd uaine;
    am mullach 's an t-ùrlar
    trom dhathte le suaimhneas;
    mith-chuachan na sóbhraig,
    bileag bhuidhe air uaine;
    is cuilbh dhìreach an t-seòmair,
    giuthas òirdhearc an luasgain.

Thug thu dhomh clogadan,
    clogadan buadhmhor,
    clogadan mireanach,
    buidhe is uaine;
    clogadan glaganach,
    clogadan uallach,
    clogadan drithleannach,
    clogadan ruadha.

I *took your banners*
  and wrapped them round me,
  I took your yellow
  and green banners.
  I clothed pampered
  volatile thoughts:
  I clothed them in your
  yellow and red banners.

I *took my way*
  through the restless intricacy:
  I took the course
  over the new land of dream,
  going and returning
  and seeking the triumph,
  in delight and in swift running,
  with my desire proud-spirited.

The great wood in motion,
  fresh in its spirit;
  the high green wood
  in a many-coloured waulking;
  the wood and my senses
  in a white-footed rapture;
  the wood in blossom
  with a fleeting renewal.

The sunlit wood
  joyful and sportive,
  the many-winded wood,
  the glittering-jewel found by chance;
  the shady wood,
  peaceful and unflurried;
  the humming wood
  of songs and ditties.

Ghabh mi do bhrataichean
    umam 'gan suaineadh,
    ghabh mi do bhrataichean
    buidhe is uaine.
    Sgeadaich mi aignidhean
    beadarra luaineach:
    sgeadaich 'nad bhrataichean
    buidhe is ruadha.

Ghabh mi an t-slighe
    troimh fhilleadh an luasgain:
    thug mi an cùrsa
    thar ùr-fhonn a' bhruadair,
    a' siubhal 's a' tilleadh
    's a' sireadh na buaidhe,
    am mire 's an deann-ruith
    is m' annsachd gu h-uallach.

A' choille mhór shiùbhlach
    's i ùrail am meanmna;
    a' choille àrd uaine
    ann an luadh ioma-dhealbhach;
    a' choille 's mo bhuadhan
    ann an luathghair nan gealachas;
    a' choille bàrr-gùcach
    le ùrachadh falbhach.

Coille na gréine
    's i éibhneach is mireagach,
    a' choille ioma-ghaothach,
    an leug fhaodail dhrithleannach;
    coille na sgàile
    's i tàmhach neo-dhribheagach;
    coille a' chrònain
    's òranach luinneagach.

The divided wood
        wakening at dawn,
        the wood with deer-belling
        bursting to baying;
        the wood with doubling
        of hurrying crunluadh,
        the wood delighted
        with the love-making of the sea.

You were eloquent at evening
        with songs in your house,
        and cool with dews
        silently falling;
        and you would break out in splendour
        with dells of thrushes,
        and be silent always
        with a humming of streamlets.

In your silence at night
        there would be lovely amber shapes
        over the dimming of the woods
        and the faint light of the gloaming,
        creeping wilily,
        many-formed, subtle,
        going and always coming
        and winding themselves into your croon.

You gave me helmets,
        green helmets,
        the helmet of the poignant
        and the helmet of the serene:
        new helmets
        hurting me with temptation,
        helmets of pride
        maiming me with unrest.

A' choille 'san sgarthanaich
   dùsgadh 'sa chamhanaich:
   a' choille le langanaich
   brùchdadh gu tabhanaich:
   a' choille le dùblachadh
   crunluaidh chabhagaich:
   a' choille 's i mùirneach
   ri sùgradh nam marannan.

Bha thu labhar tràth nòine
   le òrain 'nad fhàrdaich
   is fionnar le driùchdan
   a' tùirling gu sàmhach;
   agus bhristeadh tu loinneil
   le doireachan smeòrach;
   's a' dùnadh gu suthain
   bu shruthanach crònan.

Ri d' thosd anns an oidhche
   bhiodh loinn-chruthan òmair
   thar ciaradh nan coilltean
   's fann shoillse na glòmainn,
   ag èaladh gu cuireideach,
   ioma-chruthach seòlta,
   a' falbh 's a' sìor-thighinn
   's 'gam filleadh 'nad chrònan.

Thug thu dhomh clogadan,
   clogadan uaine;
   clogad a' bhioraidh
   is clogad an t-suaimhneis:
   clogadan ùrail
   'gam chiùrradh le buaireadh,
   clogadan àrdain
   'gam mhàbadh le luasgan.

A face troubled the peace of the woodlands,
the bird-song of rivulets and the winding of burns,
the mildness of yellow stars shining,
the glitter of the sea, the phosphorescence of night.

When the moon poured the bright crown pieces
on the dark blue board of the sea at night
and I rowed to meet them,
I then tried to work out its genesis.

Sgurr nan Gillean is the fire-dragon,
warlike, terrible with its four
rugged headlong pinnacles in a row;
but it is of another sky.

Sgurr nan Gillean is the reposeful
beautiful unicorn in its whiteness,
in its snow whiteness sparkling,
calm and steadfast in its thrust,

its spearthrust on the horizon,
the shapely white peak of beauty,
peak of my longing and full love,
the peak that sleeps forever over the Clarach.

Green wood on the hither side of the Clarach
the wood of Raasay with the music of laughter,
the woods of Raasay, mild and peaceful,
the joyful, sorrowful, loved wood.

Graveyard on each south slope of the hill-side,
the two rich graveyards of half my people,
two still graveyards by the sea sound,
the two graveyards of the men of Raasay returned,

94

Bhuair aodann sàmhchair choilltean,
  ceilearadh shruthan is suaineadh aibhnean,
  ciùine reultan buidhe a' boillsgeadh,
  lainnir a' chuain, coille-bìonain na h-oidhche.

Nuair dhòirt a' ghealach na crùin shoilleir
  air clàr dùghorm na linne doilleir
  agus a dh' iomair mi 'nan coinneamh,
  's ann a dh' fhiach mi ri shloinneadh.

'S e Sgurr nan Gillean a' bheithir
  cholgarra gharbh le cheithir
  binneanan carrach ceann-chaol sreathach;
  ach 's ann tha e bho speur eile.

B' e 'n t-aon-chòrnach Sgurr nan Gillean,
  foistinneach, sgiamhach le ghile,
  le ghile shneachda 'na dhrithleann,
  ciùin agus stòlda 'na shitheadh,

'na shitheadh sleagha air an fhàire
  sgurra foinnidh geal na h-àilleachd,
  sgurra m' iargain 's mo shàth-ghaoil,
  sgurra 's biothbhuan suain thar Clàraich.

Coille uaine taobh bhos na Clàraich,
  coille Ratharsair le ceòl-gàire,
  coille Ratharsair gu ciùin sàmhach,
  coille aoibhneach bhrònach ghràdhach.

Cladh air dà shlios dheas an fhirich,
  dà chladh saoibhir leth mo chinnidh,
  dà chladh sàmhach air bruaich na linne,
  dà chladh fir Ratharsair air tilleadh.

returned to the repose of the earth
   from the suns' day of the round sky;
   a graveyard shaded from the breath of the sea,
   the two graveyards of the loins of the land.

The wood of Raasay,
   my dear prattler,
   my whispered reason,
   my sleeping child.

There came a startling in the wood,
   in the wood of dewy night,
   in the wood of the tender leaves,
   the restless wood of the rivulets.

The adder awoke in its rich growth,
   in its multi-swift fine foliage,
   among its leafy branches to wound,
   the venom of the cry of pain in the love-making.

The thrust came from the Cuillin,
   from the mountains hardest
   to climb to a pleasant summit:
   the tender softness was stung by a monster.

I saw the three in their swift course,
   the three shapely naked goddesses,
   I recognised the bruised Actaeon
   harried by the three angry ones.

I saw the three in the woods
   the three white naked graceful ones
   the three a glimmer before me,
   the three unspeakable in meeting.

Air tilleadh gu tàmh an fhuinn
    bho latha gréine an speur chruinn,
    cladh fo sgàil bho àile tuinn,
    dà chladh leasraidh an fhuinn.

Coille Ratharsair,
    m' ionam, labharag:
    mo chiall cagarain,
    mo leanabh cadalach.

Anns a' choille thàinig straonadh,
    an coille na h-oidhche braonaich,
    an coille nan duilleagan maotha,
    coille luaineach, coille chaochan.

Dhùisg an nathair 'na lùisreadh,
    'na duilleach ioma-luath caol ùrar,
    'na geugan duilleagach gu ciùrradh,
    gath a' chràdhghal anns an t-sùgradh.

Thàinig an sitheadh bho 'n Chuilithionn,
    bho na beanntan bu duilghe
    dìreadh gu mullach suilbhir:
    lotadh a' mhaothanachd le uilebheist.

Chunnaic mi an triùir gu siùbhlach,
    an triùir bhan-dia chuimir rùiste:
    b' aithne dhomh Actaeon brùite
    le triùir fheargach 'ga sgiùrsadh.

Chunnaic mi an triùir 'sa choille,
    an triùir gheal rùiste loinneil,
    an triùir 'nan aiteal mu m' choinneamh,
    an triùir dho-labhairt an coinneamh.

One who gave the kisses
  that did not satisfy the pursuit
  that was double in the flight,
  the pursued man vehement in pursuit.

The wood of Raasay was the one
  that gave the smooth honeyed kiss,
  the kiss that would not suffice the clay,
  the kiss that put unrest in the body.

There is not the speed in their poem
  that would make the high tempest of it;
  there is not in it the full life
  that would make the wood rest.

The wood of Raasay in its gentleness,
  joyful beside the Clarach,
  the green variation on the pibroch theme
  that the Cuillin makes with the waves.

The wood of Raasay is the talking one,
  the prattling whispering wood,
  the wood light beside the seas,
  the green wood in a sleepless slumber.

To believe with flesh,
  with brain and heart,
  that one thing was complete,
  beautiful, accessible:
  a thing that would avoid the travail
  of the flesh and hardship,
  that would not be spoiled by the bedragglement
  of time and temptation.

What is the meaning of giving a woman
  love like the growing blue of the skies
  rising from the morning twilight
  naked in the sun?

Té a liubhair na pògan
    nach do shàsaich an tòrachd
    dhùbailte bha anns an fhògradh,
    am fear ruagte dian 'san tòrachd.

Bu choille Ratharsair an té
    a liubhair pòg mheala réidh,
    a' phòg nach fóghnadh do 'n chré,
    a' phòg chuir luasgan 'sa chléibh.

Chan eil de dheann-ruith 'nan dàn
    a dheanadh dheth an doineann àrd,
    chan eil ann de bheatha làin
    a chuireadh a' choille 'na tàmh.

Coille Ratharsair 'na ciùine
    ri taobh na Clàraich gu mùirneach,
    siubhal uaine an ùrlair
    th' aig a' Chuilithionn ris na sùghan.

Coille Ratharsair an labharag,
    coille bhrìodail, coille chagarain,
    coille aotrom ri taobh nam marannan,
    coille uaine an suain neo-chadalach.

'S e bhith creidsinn le feòil
    le eanchainn 's le cridhe
    gu robh aon nì coimhlionta
    àlainn so-ruighinn:
    nì a sheachnadh allaban
    na colainne 's a' chruaidh-chàis,
    nach millteadh le meapaineadh
    tìme is buairidh.

Dé fàth bhith toirt do nighinn
    gaol mar ghormadh speur
    ag éirigh as a' chamhanaich
    gu lomnochd ri gréin?

99

Though a love were given as perfect
as heroism against circumstances,
unhesitant, undoubting, hopeless,
sore, blood-red, whole;
though the unspeakable love were given,
it would be only as if one were to say
that the thing could not happen
because it was unspeakable.

What is the meaning of giving hope
  a steed-footed blood-red love,
  of offering to the Cuillin's height
  a love that will strive over every difficulty?
  What is the meaning of worshipping Nature
  because the wood is part of it?

One has seen the Cuillin wall knocked down,
  brittle, broken, in a loathsome pit,
  and one has seen the single-minded love
  unattainable, lost, unspoiled.

It is that they rise
  from the miserable torn depths
  that puts their burden on mountains.

Poor, uncertain the base
  on which the heroic Cuillin is based
  just as the reason is torn
  to put beauty on poem or melody.

O the wood, O the wood,
  How much there is in her dark depths!
  Thousands of adders in her rich growth:
  joy broken and bruised,
  and the pain that was ever in anguish,
  that cannot get over its anguish.

Ged bheirteadh gaol cho coimhlionta
ri gaisge 'n aghaidh chàs,
gun athadh, gun teagamh, gun dòchas,
goirt, crò-dhearg, slàn;
ged bheirteadh an gaol do-labhairt
cha bhiodh ann ach mar gun cainte
nach b' urrainn an càs tachairt
a chionn gun robh e do-labhairt.

Dé fàth bhith toirt do dhòchas
gaol steud-chrodhanta crò-dhearg,
bhith liubhairt do àird a' Chuilithinn
gaol a ni strì thar gach duilghinn?
dé fàth aoradh do Nàdur
a chionn gur h-i choille pàirt dheth?

Chunnacas mùr a' Chuilithinn leagte,
prann briste, an slochd sgreataidh;
agus chunnacas an gaol singilt
do-ruighinn, caillte, neo-mhillte.

'S e gu bheil iad ag éirigh
as an doimhne thruaigh reubte
tha cur air beanntan an éire.

Bochd mi-chinnteach am bonn
tha stéidheachadh Cuilithionn nan sonn
ionnas mar reubar an conn
chur àilleachd air dàn is fonn.

Och a' choille, och a' choille,
dé na tha 'na doimhne dhoilleir!
Mìltean nathraichean 'na lùisreadh:
an t-aoibhneas 's e briste brùite
agus an cràdh bha riamh ciùrrte,
nach toir bàrr air a' chiùrradh.

O the wood, O the wood!
  the aspect of pleasant beauty,
  of the eye that is soft and bright,
  the lively jewel in blindness.

The way of the sap is known,
  oozing up to its work,
  the wine that is always new and living,
  unconscious, untaught.

There is no knowledge of the course
  of the crooked veering of the heart,
  and there is no knowledge of the damage
  to which its aim unwittingly comes.

There is no knowledge, no knowledge,
  of the final end of each pursuit,
  nor of the subtlety of the bends
  with which it loses its course.

Och a' choille, och a' choille!
    Fiamh na bòidhche foinnidh,
    na sùla tha maoth soilleir,
    seud beothanta anns an doille.

Tha eòl air slighe an t-snodhaich
    a' drùdhadh suas gu ghnothach,
    am fìon sìor ùrar beothail
    gun fhios dha fhéin, gun oilean.

Chan eil eòl air an t-slighe
    th' aig fiarachd cham a' chridhe
    's chan eil eòl air a' mhilleadh
    do 'n tàrr gun fhios a cheann-uidhe.

Chan eil eòlas, chan eil eòlas
    air crìch dheireannaich gach tòrachd
    no air seòltachd nan lùban
    leis an caill i a cùrsa.

AM BARR GLAS

The Grey Crop

SHE TO WHOM I GAVE...

She to whom I gave all love
gave me no love in return;
though my agony was for her sake,
she did not understand the shame at all.

But often in the thoughts of night
when my mind is a dim wood
a breeze of memory comes, stirring the foliage,
putting the wood's assuagement to unrest.

And from the depths of my body's wood,
from sap-filled root and slender branching,
there will be the heavy cry: why was her beauty
like a horizon opening the door to day?

IF I GO UP TO YONDER TOWN

I went down to yonder town
with the sentence of my death in my hand.
I myself wrote it on my heart
as ransom for my darling's state:
I was going to a war
and she was bruised and wretched,
with no lover in the wide world
who would care for what she had of grace.

I went down to yonder town
with the sentence of my death in my hand
written with two wrongs:
the great wrong of the Nazis
and the great wrong of her misery:

106

An té dh' an tug mi uile ghaol
cha tug i gaol dhomh air a shon;
ged a chiùrradh mise air a sàilleabh
cha do thuig i 'n tàmailt idir.

Ach tric an smuaintean na h-oidhch'
an uair bhios m' aigne 'na coille chiair,
thig osag chuimhne 'g gluasad duillich,
ag cur a furtachd gu luasgan.

Agus bho dhoimhne coille chuim,
o fhriamhach snodhaich 's meangach meanbh,
bidh eubha throm: carson bha h-àille
mar fhosgladh fàire ri latha?

MA THEID MI SUAS DO 'N BHAIL' UD SHUAS

Chaidh mi sìos do'n bhail' ud shìos
is binn mo bhàis 'nam làimh.
Sgrìobh mi fhìn i air mo chridhe
an éirig mar a bha mo luaidh:
mise falbh a dh' ionnsaigh blàir
is ise breòite truagh,
gun leannan air an t-saoghal mhór
a bheireadh ùidh d' a buaidh.

Chaidh mi sìos do'n bhail' ud shìos
is binn mo bhàis 'nam làimh,
's i sgrìobhte le dà eucoir:
eucoir mhór nan Nàsach
is eucoir mhór a truaighe:

two wrongs that were agreeing
that I should stay on the battlefield
since my own girl was exposed
to a pain for which beauty is no respite.

WILLIAM ROSS AND I

I am not at all related
to William Ross though I pretended
that my case is like his case,
being jealous of the musical chiselling
of words, which is a marvel in his poetry.

He dying of consumption,
leaving love and the hubbub of the young,
and his Marion going over the sea,
going away in the joy of her beauty,
with another man and leaving him.

Though the loveliest face
that I ever saw on woman,
generous heart and intelligent head,
is married to another man in Ireland,
that is not now my desolation,
but the one who gave me love,
the love for myself, the tortured love
that her heart gave out of her mutilated body.

dà eucoir a bha 'g aonadh
gum fuirichinn anns an àraich
's mo nighean fhìn air faondradh
ri pian nach faothaich àilleachd.

UILLEAM ROS IS MI FHIN

Chan eil mise càirdeach idir
do dh' Uilleam Ros ged d' leig mi orm
gu bheil mo chàs-sa mar a chàs-san,
's mi 'g iadach ris na briathran geàrrte
ceòlmhor as mìorbhail 'na bhàrdachd.

Esan a' bàsachadh 'sa' chaitheamh,
a' fàgail gaoil is "gàir nan òg"
is a Mhór a' dol thar sàile,
a' falbh an aoibhneas a h-àilleachd
le fear eile is 'ga fhàgail.

Ged tha an t-aodann as àille
a chunnaic mise riamh air nighinn —
an cridhe uasal 's ceann na céille —
pòsd' aig fear eile 'n Eirinn,
chan e sin a nis mo léireadh,
ach an té a thug an gaol dhomh,
an gaol dhomh fhìn, an gaol cràiteach,
a thug a cridhe á com màbte.

Who else got its like
from woman on earth or in story?
It is that I got it that destroyed me.
Since no more is to be had,
and my fair love's body ruined,
and useless — without a use in the world —
it's that that put my love to seed
with the vain brushwood of poetry
manured with her mutilated body.

THE PRODIGAL SON

I do not yet know
if it was pride or love
that made my gifts so prodigal
and you not stretched by my side.

When your body was a wretched thing
that was when I threw the rein
about the rounded neck of that rash stallion,
for the rush of desires had stopped.

My flesh became a turmoil of spirit
when your body had no strength:
I gave you the beautiful soul
when your frail body decayed.

That was the lustful dream
that my spirit had with you in the clouds,
you lying with me in the skies
when the profit of your flesh had failed.

Có eile fhuair a leithid
o mhnaoi air thalamh no an sgeulachd?
'Se gun d' fhuair mi e a léir mi.
On nach eil an còrr ri fhaotainn
is colainn mo ghaoil ghil air faondradh,
is gun fheum — gun fheum saoghail,
's e chuir mo ghaol-sa gu laomadh
leis a' bharrach fhaoin bhàrdachd
's e mathaichte l' a colainn mhàbte.

AM MAC STROIDHEIL

Chan eil fhios agamsa fhathast
am b' e 'n t-àrdan no an gaol
a dh' fhàg mo ghibht cho stròidheil
's gun thu sìnte ri mo thaobh.

Nuair bha do cholainn-sa 'na truaghan
sin an uair a leig mi 'n t-srian
mu amhaich chruinn an àigich bhrais ud
oir thàinig stad air ruathar mhiann.

'S ann chaidh m' fheòil 'na bruaillean spioraid
nuair bha do cholainn-sa gun chlì:
thug mi dhut an t-anam àlainn
nuair a chnàmh do cholainn chrìon.

'S gum b'e siod an aisling chonnain
a bh' aig mo spiorad riut 's na neòil
's tu laighe mar rium anns na speuran
nuair thréig an tairbhe bha 'nad fheòil.

BLAR

Battlefield

I go westwards in the Desert
with my shame on my shoulders,
that I was made a laughing-stock
since I was as my people were.

Love and the greater error,
deceiving honour spoiled me,
with a film of weakness on my vision,
squinting at mankind's extremity.

Far from me the Island
when the moon rises on Quattara,
far from me the Pine Headland
when the morning ruddiness is on the Desert.

Camus Alba is far from me
and so is the bondage of Europe,
far from me in the North-West
the most beautiful grey-blue eyes.

Far from me the Island
and every loved image in Scotland,
there is a foreign sand in History
spoiling the machines of the mind.

Far from me Belsen and Dachau,
Rot'erdam, the Clyde and Prague,
and Dimitrov before a court
hitting fear with the thump of his laugh.

Guernica itself is very far
from the innocent corpses of the Nazis
who are lying in the gravel
and in the khaki sand of the Desert.

Tha mi dol an iar 'san Fhàsaich
is mo thàmailt air mo ghuaillean,
gun d' rinneadh a' chuis-bhùrta dhiom
on a bha mi mar bu dual dhomh.

An gaol 's an t-iomrall bu mhotha
an onair mheallta mo mhilleadh,
le sgleò na laige air mo léirsinn,
claonadh an éiginn a' chinne.

'S fhada bhuam-sa an t-Eilean
is gealach ag éirigh air Catàra,
's fhada bhuam an Aird Ghiuthais
is rudhadh maidne air an Fhàsaich.

Tha Camus Alba fada bhuam
agus daorsa na Roinn-Eòrpa.
fada bhuam 'san Aird an Iarthuath
na sùilean glas-ghorma 's bòidhche.

'S fhada bhuam-sa an t-Eilean
agus gach ìomhaigh ghaoil an Alba,
tha gainmheach choigreach anns an Eachdraidh
a' milleadh innealan na h-eanchainn.

'S fhada bhuam Belsen 's Dachau
Rotterdam is Cluaidh is Pràga
is Dimitrov air bialaibh cùirte
a' bualadh eagail le ghlag gàire.

Tha Guernica fhéin glé fhada
bho chuirp neoichiontach nan Nàsach
a tha 'nan laighe ann an greibheal
's an gainmhich lachduinn na Fàsaich.

There is no rancour in my heart
against the hardy soldiers of the Enemy,
but the kinship that there is among
men in prison on a tidal rock

waiting for the sea flowing
and making cold the warm stone;
and the coldness of life
in the hot sun of the Desert.

But this is the struggle not to be avoided,
the sore extreme of human-kind,
and though I do not hate Rommel's army
the brain's eye is not squinting.

And be what was as it was,
I am of the big men of Braes,
of the heroic Raasay MacLeods,
of the sharp-sword Mathesons of Lochalsh;
and the men of my name — who were braver
when their ruinous pride was kindled?

MOVE SOUTH

South, south to Bir Hacheim,
tanks and guns at high speed,
there was a jump and kick in the heart
and a kind of delight —
it was the battle joy —
as one heard in the tale,
not knowing if it was a lie.

Going South in the morning
to meet the Africa Korps —
we'll soon reach the French
and put a stop to big Rommel!

116

Chan eil gamhlas 'na mo chridhe
ri saighdearan calma 'n Nàmhaid
ach an càirdeas a tha eadar
fir am prìosan air sgeir-thràghad,

a' fuireach ris a' mhuir a' lìonadh
's a' fuarachadh na creige blàithe,
agus fuaralachd na beatha
ann an gréin theth na Fàsaich.

Ach 's e seo an spàirn nach seachnar
éiginn ghoirt a' chinne-daonna,
's ged nach fuath liom armailt Roimeil
tha sùil na h-eanchainn gun chlaonadh.

Agus biodh na bha mar bha e,
tha mi de dh' fhir mhór' a' Bhràighe,
de Chloinn Mhic Ghille Chaluim threubhaich,
de Mhathanaich Loch Aills nan geurlann,
agus fir m' ainme — có bu tréine
nuair dh' fhàdadh uabhar an léirchreach?

GLUAISIBH GU DEAS

Deas, deas gu Bior Haicheim
tancan is gunnachan 'nan deann,
leum agus breab anns a' chridhe
agus seòrsa de mhire —
's e mhire-chatha a bh' ann —
mar a chualas anns an sgial,
gun fhios am b' e bh' ann a' bhriag.

Gabhail gu deas anns a' mhaduinn
an coinneamh an Africa Corps —
chan fhada gun ruig sinn na Frangaich
's gun cuir sinn stad air Roimeal mór!

Before midday the shells,
novel birds in the sky;
we did not reach the French at all:
a quick stop was put to our race.

HEROES

I did not see Lannes at Ratisbon
nor MacLennan at Auldearn
nor Gillies MacBain at Culloden,
but I saw an Englishman in Egypt.

A poor little chap with chubby cheeks
and knees grinding each other,
pimply unattractive face —
garment of the bravest spirit.

He was not a bit "in the pub
in the time of the fists being closed,"
but a lion against the breast of battle,
in the morose wounding showers.

His hour came with the shells,
with the notched iron splinters,
in the smoke and flame,
in the shaking and terror of the battlefield.

Word came to him in the bullet shower
that he should be a hero briskly,
and he was that while he lasted
but it wasn't much time he got.

Roimh mheadhon latha na sligean,
eòin ùr' annasach 'san speur;
cha d' ràinig sinn na Frangaich idir:
chuireadh grabadh grad 'nar réis.

CURAIDHEAN

Chan fhaca mi Lannes aig Ratasbon
no MacGill-Fhinnein aig Allt Eire
no Gill-Iosa aig Cuil-Lodair,
ach chunnaic mi Sasunnach 'san Eiphit.

Fear beag truagh le gruaidhean pluiceach
is glùinean a' bleith a chéile,
aodann guireanach gun tlachd ann —
còmhdach an spioraid bu tréine.

Cha robh buaidh air " 'san tigh-òsda
'n àm nan dòrn a bhith 'gan dùnadh ",
ach leóghann e ri uchd a' chatha,
anns na frasan guineach mùgach.

Thàinig uair-san leis na sligean,
leis na spealgan-iaruinn beàrnach,
anns an toit is anns an lasair,
ann an crith is maoim na h-àraich.

Thàinig fios dha 'san fhrois pheileir
e bhith gu spreigearra 'na dhiùlnach:
is b'e sin e fhad 's a mhair e,
ach cha b' fhada fhuair e dh' ùine.

He kept his guns to the tanks,
bucking with tearing crashing screech,
until he himself got, about the stomach,
that biff that put him to the ground,
mouth down in sand and gravel,
without a chirp from his ugly high-pitched voice.

No cross or medal was put to his
chest or to his name or to his family;
there were not many of his troop alive,
and if there were their word would not be strong.
And at any rate, if a battle post stands
many are knocked down because of him,
not expecting fame, not wanting a medal
or any froth from the mouth of the field of slaughter.

I saw a great warrior of England,
a poor manikin on whom no eye would rest;
no Alasdair of Glen Garry;
and he took a little weeping to my eyes.

DEATH VALLEY

Some Nazi or other has said that the Fuehrer had restored to German
manhood the 'right and joy of dying in battle'.

Sitting dead in "Death Valley"
below the Ruweisat Ridge
a boy with his forelock down about his cheek
and his face slate-grey;

I thought of the right and the joy
that he got from his Fuehrer,
of falling in the field of slaughter
to rise no more;

Chum e ghunnachan ris na tancan,
a' bocail le sgriach shracaidh stàirnich
gus an d' fhuair e fhéin mu 'n stamaig
an deannal ud a chuir ri làr e,
bial sìos an gainmhich 's an greabhal,
gun diog o ghuth caol grànnda.

Cha do chuireadh crois no meadal
ri uchd no ainm no g' a chàirdean:
cha robh a bheag dhe fhòirne maireann,
's nan robh cha bhiodh am facal làidir;
's có dhiubh, ma sheasas ursann-chatha
leagar móran air a shàilleabh
gun dùil ri cliù, nach iarr am meadal
no cop 'sam bith á bial na h-àraich.

Chunnaic mi gaisgeach mór á Sasuinn,
fearachan bochd nach laigheadh sùil air;
cha b' Alasdair á Gleanna Garadh —
is thug e gal beag air mo shùilean.

GLAC A' BHAIS

Thubhairt Nàsach air choireigin gun tug am Furair air ais do fhir
na Gearmailte 'a' chòir agus an sonas bàs fhaotainn anns an àraich'.

'Na shuidhe marbh an "Glaic a' Bhàis"
fo Dhruim Ruidhìseit,
gill' òg 's a logan sìos m' a ghruaidh
's a thuar grìsionn.

Smaoinich mi air a' chòir 's an àgh
a fhuair e bho Fhurair,
bhith tuiteam ann an raon an àir
gun éirigh tuilleadh;

121

of the pomp and the fame
that he had, not alone,
though he was the most piteous to see
in a valley gone to seed

with flies about grey corpses
on a dun sand
dirty yellow and full of the rubbish
and fragments of battle.

Was the boy of the band
who abused the Jews
and Communists, or of the greater
band of those

led, from the beginning of generations,
unwillingly to the trial
and mad delirium of every war
for the sake of rulers?

Whatever his desire or mishap,
his innocence or malignity,
he showed no pleasure in his death
below the Ruweisat Ridge.

AN AUTUMN DAY

On that slope
on an autumn day,
the shells soughing about my ears
and six dead men at my shoulder,
dead and stiff — and frozen were it not for the heat —
as if they were waiting for a message.

air a' ghreadhnachas 's air a' chliù
nach d' fhuair e 'na aonar,
ged b' esan bu bhrònaiche snuadh
ann an glaic air laomadh

le cuileagan mu chuirp ghlas'
air gainmhich lachduinn
's i salach-bhuidhe 's làn de raip
's de sprùidhlich catha.

An robh an gille air an dream
a mhàb na h-Iùdhaich
's na Comunnaich, no air an dream
bu mhotha, dhiùbh-san

a threòraicheadh bho thoiseach àl
gun deòin gu buaireadh
agus bruaillean cuthaich gach blàir
air sgàth uachdaran?

Ge b'e a dheòin-san no a chàs,
a neoichiontas no mhìorun,
cha do nochd e toileachadh 'na bhàs
fo Dhruim Ruidhìseit.

LATHA FOGHAIR

'S mi air an t-slios ud
latha foghair,
na sligean a' sianail mu m' chluasan
agus sianar marbh ri mo ghualainn,
rag-mharbh — is reòta mur b'e 'n teas —
mar gum b' ann a' fuireach ri fios.

When the screech came
out of the sun,
out of an invisible throbbing;
the flame leaped and the smoke climbed
and surged every way:
blinding of eyes, splitting of hearing.

And after it, the six men dead
the whole day:
among the shells snoring
in the morning,
and again at midday
and in the evening.

In the sun, which was so indifferent,
so white and painful;
on the sand which was so comfortable
easy and kindly;
and under the stars of Africa,
jewelled and beautiful.

One Election took them
and did not take me,
without asking us
which was better or worse:
it seemed as devilishly indifferent
as the shells.

Six men dead at my shoulder
on an Autumn day.

Nuair thàinig an sgriach
a mach as a' ghréin,
á buille 's bualadh do-fhaicsinn,
leum an lasair agus streap an ceathach
agus bhàrc e gacha rathad:
dalladh nan sùl, sgoltadh claistinn.

'S 'na dhéidh, an sianar marbh,
fad an latha;
am miosg nan sligean 'san t-strannraich
anns a' mhadainn,
agus a rithist aig meadhon-latha
agus 'san fheasgar.

Ris a' ghréin 's i cho coma,
cho geal cràiteach;
air a' ghainmhich 's i cho tìorail
socair bàidheil;
agus fo reultan Africa,
's iad leugach àlainn.

Ghabh aon Taghadh iadsan
's cha d' ghabh e mise,
gun fhoighneachd dhinn
có b' fheàrr no bu mhiosa:
ar liom, cho diabhlaidh coma
ris na sligean.

Sianar marbh ri mo ghualainn
latha foghair.

AN IOMHAIGH BHRISTE

The Broken Image

THE IMAGE

When I understood the terrible thing—
that her body had gone bad,
dry, spoiled, mutilated—
I made an image of my love;
not the comfortable image
that a poet would put on a shelf in a tower,
but one that would grow big in the Desert,
where blood would be water.

THE NIGHTMARE

One night of the two years
when I thought my love was maimed
with a flaw as bad as a woman
has had since Eve's generation,
we were together in a dream
beside the stone wall
that is between the boys'
and girls' playgrounds of my first school.
She was in my arms
and my mouth was going to her lips
when the loathsome head started
suddenly from behind the wall;
and the long foul dim fingers
seized my throat in a sudden grip,
and the words of despair followed:
"You are too late, you fool".

AN IOMHAIGH

An uair a thuig mi 'n t-uamhas —
gu robh a colainn air dhol aog
's i tioram millte màbte —
rinn mi ìomhaigh dhe mo ghaol;
cha b' i an ìomhaigh shocair
a chuireadh bàrd air sgeilpe 'n tùr
ach té a chinneadh mór 'san Fhàsaich,
far am biodh an fhuil 'na bùrn.

AN TROM-LAIGHE

Oidhche dhe'n dà bhliadhna
nuair shaoil mi gun do chreuchdadh
mo luaidh le giamh cho miosa
's a bh' air mnaoi bho linn Eubha,
bha sinn còmhla am bruadar
ri taobh a' bhalla chloiche
tha eadar cluich-ghart ghillean
is nighean mo chiad sgoile.
Bha i eadar mo làmhan
's mo bhial a' dol g' a bilibh
nuair straon an ceann oillteil
bho chùl a' bhalla 'n clisgeadh;
is rinn na cràgan ciara
fada bréine mo sgòrnan
a ghlacadh an greim obann
's lean briathran an eu-dòchais:
"Tha thu, ghlaoic, air dheireadh."

SPRING TIDE

Again and again when I am broken
my thought comes on you when you were young,
and the incomprehensible ocean fills
with floodtide and a thousand sails.

The shore of trouble is hidden
with its reefs and the wrack of grief,
and the unbreaking wave strikes
about my feet with a silken rubbing.

How did the springtide not last,
the springtide more golden to me than to the birds,
and how did I lose its succour,
ebbing drop by drop of grief?

THE FARTHER END

This is the ultimate place,
the lonely place without sight of hills,
where it is necessary to stand and wait
though our desire is not in it.

Whence have you taken the walking
over strange mountains, through a dim pass,
fearing that you would meet returning
the crooked deceptive result?

It did not come with the neighing of cavalry
nor with bulls roaring among the glens
but only shyly and hesitantly,
like a thing that would not reach its end.

Uair is uair agus mi briste
thig mo smuain ort is tu òg,
is lìonaidh an cuan do-thuigsinn
le làn-mara 's mìle seòl.

Falaichear cladach na trioblaid
le bhodhannan is tiùrr a' bhròin
is buailidh an tonn gun bhristeadh
mu m' chasan le suathadh sròil.

Ciamar nach do mhair an reothairt
bu bhuidhe dhomh na do na h-eòin,
agus a chaill mi a cobhair
's i tràghadh boinn' air bhoinne bròin?

AN CEANN THALL

Seo an t-àite mu dheireadh,
an t-àit' aonaranach gun fhradharc bheann
far an éigin stad is fuireach
ged nach eil ar n-àilleas ann.

Cia as a thug sibh-s' a' choiseachd
thar aonaichean coimheach, troimh bhealach ciar,
is eagal oirbh gun tachradh sibh 's i tilleadh
ris a' bhuaidh mheallta fhiair?

Cha tàinig i le seitrich eachraidh
no tairbh a' bùirean feadh nan gleann
ach a mhàin gu faiteach fiata,
mar nì nach ruigeadh a cheann.

How did you keep up your walking,
you foolish and strong desire,
among the multitudes of others
in the night with no stars?

Why did you do the walking,
that vapid worthless walk,
when every other path was
better than your senseless path?

The path that took you at last
to the wilderness of the foolish cry
where you hear nothing but mockery
from streams and mire and wind.

Where the heart is alone
in spite of good and evil
and the miry solitude worse
than the boar's envenomed tooth.

It was not your deeds that did the leading,
whether they were good or bad,
they were not stronger
for your good than one straw.

Neither the tanks of your heredity
nor the big guns of your desire
nor the aeroplanes of your goodwill
had the most infinitesimal effect on your expectation,

but to take you to a base place
that would be contemptuous of your love
though it were armed with the courage
swiftest in birds or in swarm;

Ciamar a chum thu do choiseachd,
a mhiann amaidich thréin,
a miosg nan iomadaidh eile
ris an oidhche 'n dìth nan reul?

Carson a thug thu do choiseachd,
a' choiseachd ud bhaoth gun fhiù,
agus gach iomadh ceum eile
na b' fheàrr na do cheum gun tùr?

An ceum a thug thu mu dheireadh
gu fàsaich an ràin bhaoith,
far nach cluinn thu ach magadh
aig sruthan, eabar agus gaoith.

Far a bheil an cridhe 'na aonar
a dh' aindeoin maitheis agus uilc,
agus an t-aonar eabair nas miosa
na fiacail nimhe an tuirc.

Chan e do ghnìomharan a threòraich,
aon chuid math no olc;
cha robh iadsan na bu treasa
a chum t' fheabhais na aon sop.

Cha d' rinn tancan do dualchais
no gunnachan móra do rùin
no luingeas-adhair do dheagh-ghean
an éifeachd bu neoinithe do d' dhùil,

ach do thoirt gu àite suarach
a dhèanadh tàire air do ghaol
ged bu armachd dhà an treuntas
bu luaithe bha 'n ealtainn no sgaoth,

133

though it had the generosity of the morning,
the most beautiful morning seen by a young eye
since there went ashore in Glen Etive
the famous quartet of sorrow.

Your Glen Etive a little pit
shrivelled, cold and wet, without tilth;
and your Glen Da Ruadh a rocky place
without proud mountain or sea.

This is the ultimate place,
after the brave boast of your aspiration,
the farther end whence there is no return
but broken heart and sharp pride.

ged bu dha féile na maidne
a b' àille chunnaic sùil òg
on chaidh air tìr an Gleann Eite
ceathrar ainmeil a' bhròin.

Do Ghleann Eite-sa 'na shlocan
sgreagach fuaraidh gun chur;
's do Ghleann Da Ruadh 'na àite creagach
gun bheinn uaibhrich no muir.

Seo an t-àite mu dheireadh
an déidh bòsd curanta do spéis,
an ceann thall far nach eil tilleadh
ach bristeadh cridhe 's uaill gheur.

1945-72

LIGHTS

When this auburn head lies
on my shoulder and my breast
the dawn of triumph opens
however gloomy the darkness.

A light in the South-East,
Orion over the Greek Mountain,
a light in the South-West,
Venus over the generous Cuillin.

When my lips are on her cheeks
the inter-lunar lords are shining
a thousand lights low and high,
auburn head and blue eyes.

A GIRL AND OLD SONGS

It is you again, overcoming beauty
with a web of grief and serenity,
with the unattainable stricken thing
that our people fashioned in obscurity
out of hardship and passion,
until there came out of it the marvel,
half of what remains eternal
while an expectation seeks it,
an ear hears it, a voice weaves it
in the web of mysterious words.

SOLUIS

Nuair laigheas an ceann ruadh seo
air mo ghualainn 's air mo bhroilleach
fosglaidh camhanaich na buaidhe
air cho gruamach 's a tha 'n doilleir.

Solus anns an Aird an Earraidheas,
an Sealgair thar beinn na Gréige,
solus anns an Aird an Iaras,
Bhénus thar Cuilithionn na féile.

Nuair tha mo bhilean air a gruaidhean
boillsgidh uachdarain ra-dorcha,
mìle solus shìos is shuas ann,
falt ruadh is sùilean gorma.

NIGHEAN IS SEANN ORAIN

'S tu th' ann a rithist, àille bhuadhmhor,
Le filleadh àmhghair agus suaimhneis,
Leis an nì do-ruighinn buailte
A dheilbh ar daoine anns an uaigneas,
As an anacothrom 's as a' bhuaireadh
Gus na dhiùchd as am mìorbhail,
Dàrna leth na dh' fhanas sìorruidh
Fhad 's a mhaireas dùil g'a iarraidh,
Cluas g'a chluinntinn, 's guth a shnìomhas
Ann am filleadh bhriathran dìomhair.

And since you are gentle and supremely beautiful,
opening and closing in low song,
forsaking, coming back, denying,
rising, turning and descending;
and though I cannot derive you
on mountain, or shore or in wood,
as my people used to do
in Skye or in Mull;
or in Raasay of the MacLeods
or in Canada in exile;
you take my thoughts from me
because there is not to be seen on you
the relative misery that is on every other face
that is seen by me on this side.
You are as if there were no oppression
of time or distance on your druid band,
as if you avoided the drowning wave
with which the unebbing sea strikes;
and as if there were shaken off you that weariness
that is in the mountain that may not be climbed
and whose gleaming white summit is not to be seen
for the mist on high top stretched.

Who rises in the morning
and sees a white rose in the mouth of the day?
And who casts an eye in the twilight
to see the red rose in the sky:
more than one foliage on the skies,
the two that last on the branches?
Who sees ships on the sound of Islay
and does not come to meet Cairistiona?
Who sees a ship in the sea of Canna,
a ship that does not strive with white furrows,
that does not seek the harbour
that not one will ever reach,
her back to the land of Clan Ranald
or to the land of Mac Gille Chaluim?

Agus o'n tha thu ciùin is àlainn,
Fosgladh 's a' dùnadh 'sa' mhànran
A' tréigsinn 's a' tilleadh 's ag àicheadh,
Ag éirigh 's a' tionndadh 's a teàrnadh;
'S ged nach urrainn dhomh do shloinneadh
Air beinn, air cladach na air coille,
Mar a b' àbhaist do mo chuideachd
'S an Eilean Sgitheanach no am Muile,
No an Ratharsair nan Leòdach
No an Canada air fògradh;
'S ann a bheir thu bhuam mo smuaintean
Do bhrìgh 's nach fhaicear ort an truaighe
Chosamhlach a their gach aogas
Eile chithear leam 's an taobh seo;
'S ann a tha thu mar nach claoidheadh
Triall no tìm do cheangal draoidhteach,
Mar gun seachnadh tu 'mhuir-bhàite
Leis am buail an cuan gun tràghadh;
'S mar gun crathteadh dhìot an sgìos ud
Th' anns a' bheinn nach gabh a dìreadh,
'S nach fhaicear a mullach lì-gheal
Leis a' cheò air creachainn sìnte.

Có a dh' éireas anns a' mhadainn
'S a chì ròs geal am bial an latha?
'S có a bheir an t-sùil 'sa' chiaradh
Gum faic e 'n ròs dearg 'san iarmailt:
Duilleach no dhà air na speuran,
An dà tha buan air na geugan?
Có chì luingeas air Caol Ile
Nach tig an coinneamh Cairistìona?
No có chì long 'sa' Chuan Chanach
Nach eil a strì ri sgrìoban geala,
Nach eil ag iarraidh gus a' chala
Nach ruig té seach té r'a maireann,
A cùl air tìr Mhic Mhic Ailein,
No air tìr Mhic Ghille Chaluim?

"Time, the deer, is in the wood of Hallaig"

The window is nailed and boarded
through which I saw the West
and my love is at the Burn of Hallaig,
a birch tree, and she has always been

between Inver and Milk Hollow,
here and there about Baile-chuirn:
she is a birch, a hazel,
a straight, slender young rowan.

In Screapadal of my people
where Norman and Big Hector were,
their daughters and their sons are a wood
going up beside the stream.

Proud tonight the pine cocks
crowing on the top of Cnoc an Ra,
straight their backs in the moonlight —
they are not the wood I love.

I will wait for the birch wood
until it comes up by the cairn,
until the whole ridge from Beinn na Lice
will be under its shade.

If it does not, I will go down to Hallaig,
to the Sabbath of the dead,
where the people are frequenting,
every single generation gone.

They are still in Hallaig,
MacLeans and MacLeods,
all who were there in the time of Mac Gille Chaluim
the dead have been seen alive.

"Tha tìm, am fiadh, an coille Hallaig"

Tha bùird is tàirnean air an uinneig
troimh 'm faca mi an Aird an Iar
's tha mo ghaol aig Allt Hallaig
'na craoibh bheithe, 's bha i riamh

eadar an t-Inbhir 's Poll a' Bhainne,
thall 's a bhos mu Bhaile-Chùirn:
tha i 'na beithe, 'na calltuinn,
'na caorunn dhìreach sheang ùir.

Ann an Screapadal mo chinnidh,
far robh Tarmad 's Eachunn Mór,
tha 'n nigheanan 's am mic 'nan coille
ag gabhail suas ri taobh an lóin.

Uaibhreach a nochd na coilich ghiuthais
ag gairm air mullach Cnoc an Rà,
dìreach an druim ris a' ghcalaich —
chan iadsan coille mo ghràidh.

Fuirichidh mi ris a' bheithe
gus an tig i mach an Càrn,
gus am bi am bearradh uile
o Bheinn na Lice f' a sgàil.

Mura tig 's ann theàrnas mi a Hallaig
a dh' ionnsaigh sàbaid nam marbh,
far a bheil an sluagh a' tathaich,
gach aon ghinealach a dh' fhalbh.

Tha iad fhathast ann a Hallaig,
Clann Ghill-Eain 's Clann MhicLeòid,
na bh' ann ri linn Mhic Ghille-Chaluim:
Chunnacas na mairbh beò.

The men lying on the green
at the end of every house that was,
the girls a wood of birches,
straight their backs, bent their heads.

Between the Leac and Fearns
the road is under mild moss
and the girls in silent bands
go to Clachan as in the beginning,

and return from Clachan
from Suisnish and the land of the living;
each one young and light-stepping,
without the heartbreak of the tale.

From the Burn of Fearns to the raised beach
that is clear in the mystery of the hills,
there is only the congregation of the girls
keeping up the endless walk,

coming back to Hallaig in the evening,
in the dumb living twilight,
filling the steep slopes,
their laughter a mist in my ears,

and their beauty a film on my heart
before the dimness comes on the kyles,
and when the sun goes down behind Dun Cana
a vehement bullet will come from the gun of Love;

and will strike the deer that goes dizzily,
sniffing at the grass-grown ruined homes;
his eye will freeze in the wood,
his blood will not be traced while I live.

Na fir 'nan laighe air an lianaig
aig ceann gach taighe a bh' ann,
na h-igheanan 'nan coille bheithe,
dìreach an druim, crom an ceann.

Eadar an Leac is na Feàrnaibh
tha 'n rathad mór fo chóinnich chiùin,
's na h-igheanan 'nam badan sàmhach
a' dol a Chlachan mar o thùs.

Agus a' tilleadh as a' Chlachan,
á Suidhisnis 's á tir nam beò;
a chuile té òg uallach
gun bhristeadh cridhe an sgeòil.

O Allt na Feàrnaibh gus an fhaoilinn
tha soilleir an dìomhaireachd nam beann
chan eil ach coimhthional nan nighean
ag cumail na coiseachd gun cheann.

A' tilleadh a Hallaig anns an fheasgar,
anns a' chamhanaich bhalbh bheò,
a' lìonadh nan leathadan casa,
an gàireachdaich 'nam chluais 'na ceò,

's am bòidhche 'na sgleò air mo chridhe
mun tig an ciaradh air na caoil,
's nuair theàrnas grian air cùl Dhùn Cana
thig peileir dian á gunna Ghaoil;

's buailear am fiadh a tha 'na thuaineal
a' snòtach nan làraichean feòir;
thig reothadh air a shùil 'sa' choille:
chan fhaighear lorg air fhuil ri m' bheò.

You big strong warrior,
you hero among heroes,
you shut the gate of Hougomont.
You shut the gate, and behind it
your brother did the spoiling.
He cleared tenants in Glengarry —
the few of them left —
and he cleared tenants about Kinloch Nevis,
and he cleared tenants in Knoydart.
He was no better than the laird of Dunvegan.
He spoiled Clan Donald.

What did you do then,
you big strong hero?
I bet you shut no gate
in the face of your bitch of a brother.

There was in your time
another hero of Clan Donald,
the hero of Wagram, Leipsig, Hanau.
I have not heard that he cleared
one family by the Meuse
or by any other river,
that he did any spoiling
of French or of MacDonalds.

What a pity that he did not come
over with Bonaparte!
He would not clear tenants
for the sake of the gilded sheep,
nor would he put a disease
in the great valour of Clan Donald.
What a pity that he was not
Duke of the Land of the Barley
and Prince of Caledonia!

'Na do ghaisgeach mór làidir;
'Nad churaidh miosg nan curaidhean,
Dhùin thu geata Hougomont.
Dhùin thu 'n geata 's air a chùlaibh
Rinn do bhràthair an spùilleadh.
Thog e tuath an Gleann Garadh—
Am beagan a bh' air fhàgail dhiubh—
Is thog e tuath mu Cheann Loch Nibheis
Is thog e tuath an Cnòideart.
Cha b' fheàrr e na Fear Dhùn-Bheagain:
Rinn e milleadh air Cloinn Dòmhnaill.

Dé rinn thusa 'n uair sin,
A churaidh mhóir làidir?
Fiach na dhùin thu aon gheata
An aodann do ghalla bràthar?

Bha ann ri d' linn-sa fear eile,
Curaidh eile de Chloinn Dòmhnaill,
Curaidh Bhàgram, Leipsich, Hanau.
Cha chuala mi gun do thog esan
Aon teaghlach mu'n Mheuse
No mu abhainn eile.
Cha d' rinn esan milleadh
Air Frangaich no air Dòmhnallaich.

Nach bochd nach tàinig esan
Le Bonaparte a nall.
Cha thogadh esan tuath
Air sgàth nan caorach òraidh,
'S cha mhò chuireadh esan gaiseadh
Ann an gaisge mhóir Chloinn Dòmhnaill.
Nach bochd nach robh esan
'Na dhiùc air Tìr an Eòrna
Is 'na phrionns' air Albainn.

What a pity that he did not come
over with Bonaparte
twenty years before he did,
not to listen to flannel
from that creeper Walter
nor to gather the dust
from the old ruin
but to put the new vigour
in the remnant of his kinsmen!

What a pity that he did not come
to succour his kinsmen!

A MEMORY OF ALEXANDER NICOLSON,
ONE OF MY UNCLES

Looking at the Cuillin from Corcul
with the copper and the red
and the dark-grey blue its canopy,
I remember you who are dead.

Your foot was on every outcrop
and on every dim blue pinnacle
since Skye was the estate
that was always your choice.

The gapped wall of the Cuillin
a firm rampart to your hope,
your banners on every peak
and your voice in the breeze of its skies.

The red hollow a glowing fire
between Glamaig and Ben Lee,
Your foot on every ridge
and your voice in the unstriving peace.

148

Nach bochd nach tàinig esan
Le Bonaparte a nall
Fichead bliadhna mun tàinig,
Cha b' ann a dh' éisdeachd sodail
O'n t-sliomaire sin Bhàtar
No a chruinneachadh na h-ùrach
As an t-seann làraich,
Ach a chur an spionnaidh ùrair
Ann am fuidheall a chàirdean.

Nach bochd nach tàinig esan
Gu cobhair air a chàirdean.

CUIMHNE AIR ALASDAIR MACNEACAIL, BRATHAIR MO MHATHAR

'S mi coimhead a' Chuilithinn á Corcal
agus an copar 's an dearg
's an dubh-ghlas gorm 'na bhrat-mullaich,
tha mo chuimhne ort 's tu marbh.

Bha do chas air gach creagán
's air gach bidean gorm ciar
a chionn gum b'e Clàr Sgìthe 'n oighreachd
a bha 'nad roghainn-sa riamh.

Balla beàrnach a' Chuilithinn
'na mhùr daingeann aig do spéis,
do bhrataichean air gach sgurra
's do ghuth an osaig a speur.

A' ghlac dhearg 'na grìosaich theine
eadar Glàmaig is Beinn Lì
's tu fhéin 's do chas air gach bearradh
's do ghuth 'san t-sàmhchair gun strì.

149

Your spirit had them all —
Dunscaith and the Cave of Gold —
but the blue Cuillin of the Island
was the curtain wall about your store.

A RUINED CHURCH

There is a ruin of a church in the Ross of Mull
in which there has not been a congregation
or a religious service since the day
Inverkeithing was fought.

The day when the pride of our clan
took the high jump into the permanent;
the standing-jump that spoiled them,
that left their oak an aspen.

A day is cut to permanence
as marble and gold are cut:
in the shortness is the stretching
on which love and pride take hold.

Life is long in the memory of death
when a deed cuts the body's life:
Niall Buidhe young in the bed of dust,
and Red Hector in the heavy clay.

But what of the hundreds of others
of whom scores were quite as high
in spirit as their chief
or as the brother of the bard?

Bha iad uile aig do spiorad —
Dun Sgàthaich agus Uaimh an Oir —
ach b'e Cuilithionn gorm an Eilein
am balla dìon a bha mu d' stòr.

LARACH EAGLAIS

Tha làrach eaglais 'san Ros Mhuileach
anns nach robh luchd-éisdeachd
no seirbhis cràbhaidh o'n latha
a chuireadh Inbhir-Chéitein.

Latha 'n tug uabhar ar cinnidh
an leum àrd anns a' bhiothbhuan,
an cruinn-leum a rinn am milleadh,
a dh' fhàg an darach 'na chritheann.

Gearrar latha gu ruig buantachd
mar a ghearrar marmor 's òr,
anns a' ghiorrad tha an sìneadh
air am beir an gaol 's a' phròis.

Tha beatha fada 'n cuimhne bàis
'n uair ghearras euchd a' bheatha chuim:
Niall Buidhe òg 'san leabaidh ùrach
's Eachann Ruadh an criadhaich thruim.

Ach dé mu na ciadan eile
is ficheadan dhiubh cheart cho àrd
anns an spiorad ri'n ceann-cinnidh
is ri bràthair a' bhàird?

CREAGAN BEAGA

I am going through Creagan Beaga
in the darkness alone
and the surf on Camus Alba
is a sough on smooth shingle.

The curlew and the plover
are crying down about the Cuil;
and south-east of Sgurr nan Gillean,
Blaven, and the stainless moon.

The light levels the sea flatness
from Rubha na Fainge stretched north,
and the current in Caol na h-Airde
is running south with swift glitter.

IN THE BIG PARK

The moon plays hide-and-seek,
gliding among the clouds,
the children chasing one another
among the stooks in the Big Park.

A night in late autumn
when the Election was dimmer
and before the world was
hard straight sharp furrows.

When no boy or girl knew
how many stooks were on the plain,
every stook still mysterious,
before the field was a bare expanse.

The Election was not clear
to us in the Big Park.

CREAGAN BEAGA

Tha mi dol troimh Chreagan Beaga
anns an dorchadas liom fhìn
agus an rod air Camus Alba
'na shian air a' mhol mhìn.

Tha 'n guilbirneach 's an fheadag
ag éigheach shìos mu 'n Chùil,
's an earraidheas air Sgurr nan Gillean,
Blàbheinn, 's a' ghealach gun smùr.

Stràcadh na soillse air clàr mara
o Rubha na Fainge sìnte tuath,
agus an sruth an Caol na h-Airde
a' ruith gu deas le lainnir luaith.

ANNS A' PHAIRCE MHOIR

Falach-fead aig a' ghealaich,
siubhal-sìdhe miosg nan sgó,
a' chlann a' ruith a chéile
miosg adagan 's a' Phàirce Mhóir.

Oidhche 'n deireadh an fhoghair
'n uair bha an Taghadh nas ciaire
's mu'n robh an saoghal 'na sgrìoban
cruaidhe dìreach giara.

'S gun fhios aig gille no nighinn
cia mhiad adag bh' air an raon,
a h-uile h-adag fhathast dìomhair
mu'n robh an t-achadh 'na chlàr maol.

Cha robh an Taghadh cho soilleir
is sinne anns a' Phàirce Mhóir.

CREAG DALLAIG

Expectation and hope are changed,
and there is not much hope;
the sun on the snow of Creag Dallaig,
there is no sense in her speech;
she says nothing at all
but that she is,
and she has said that before,
and left my head perplexed.

My heart is on the ridge
and half of it down,
and my head climbs and falls
and hangs on a narrow shelf,
and my feet have no support
but my heart, which is getting blunt,
and the brain has no foothold
to lower a rope to my heart.

THE BROKEN BOTTLE

The broken bottle and the razor
are in the fist and face of the boy
in spite of Auschwitz and Belsen
and the gallows in Stirling
and the other one in Glasgow
and the funeral of John MacLean.

The martyrs shout
on each side of the River Clyde,
and a hundred Connollys in Ireland;
and Ulster does not show
that Wolfe Tone followed King William.

CREAG DALLAIG

Tha caochladh air an dùil 's an dòchas,
is gun mhóran dòchais ann;
a' ghrian air sneachda Creag Dallaig,
chan eil ciall 'na cainnt;
chan eil i 'g ràdha dad idir
ach gu bheil i ann,
agus thubhairt i sin cheana,
's dh' fhàg i 'n imcheist 'nam cheann.

Tha mo chridhe air a' bhearradh
agus leth dheth shìos,
is mo cheann a' streap 's a' tuiteam
's an crochadh air sgeilpe chaoil,
is mo chasan gun aon taice
ach mo chridhe 's e fàs maol,
gun ghreim coise aig an eanchainn
gu ròp a leigeil sìos g' a thaobh.

AM BOTAL BRISTE

Tha 'm botal briste 's an ràsar
an dòrn 's an aodann a' ghill' òig
neo'r-thaing Auschwitz is Belsen,
a dh' aindeoin na croiche ann an Sruighlea
agus na téile ann an Glascho
is tìodhlacadh Mhic Gill-Eain.

Tha na martairean ag éigheach
air gach taobh de dh' Abhainn Chluaidh,
's ciad O Conghaile 'n Eirinn,
's chan eil a choltas air Uladh
gu'n do lean Wolfe Tone Rìgh Uilleam.

Spilt blood and torn flesh
shout about the Easterhouses
and stifle with hard screeches
the voice of the poor martyrs.

ID, EGO AND SUPER-EGO

The symbols-went over the escarpment
and the images over the cliff
and they were lost on a wide plain,
on the causeway of the straight road
from which reason sees the truth.

The plain is not at all wide
and the road is twisty,
and though the peaks of the escarpment are
unsteady for sincerity of vision,
the thick heavy wood is no better,
growing out of the bone of the road,
out of my ears, out of my eyes,
out of my mouth, out of my nostrils
and out of every little bit of my skin,
even out of that little part
that is warm above my heart.

The perplexity of the great plain
is as difficult as the peaks of grief.
The plain has no grace
and there is no living in the wood.

Tha fuil dhòirte is feòil reubte
mu na Tighean Seara 'g éigheach
's a' mùchadh le sgreadan cruaidhe
guth nam martairean truagha.

EADH IS FEIN IS SAR-FHEIN

Chaidh na samhlaidhean leis a' bhearradh
agus na h-ìomhaighean thar na creige
is chailleadh iad air machair fharsaing
air cabhsair an rathaid dhìrich
o'm faic an reusan an fhìrinn.

Chan eil a' mhachair idir farsaing
agus tha an rathad lùbach
is ged a tha sgurrachan a' bhearraidh
corrach do threibhdhireas an t-seallaidh,
chan fheàrr a' choille throm dhùmhail
's i fàs a mach á cnàimh an rathaid,
as mo chluasan, as mo shùilean,
as mo bhial, as mo chuinnlein
's as gach bìdeig de m' chraiceann,
eadhon as an roinn bhig sin
a tha blàth os cionn mo chridhe.

Tha imcheist na machrach móire
cho doirbh ri sgurrachan na dórainn.
Chan eil buaidh air a' mhachair
's chan eil bhith beò anns a' choille.

157

The heart, which is such a close relative
of the spirit, will not wait on the plain;
it much prefers
to hang from a piton against the rock-face
with a big man as rope-leader,
Calvin, or Pope or Lenin,
or even a lying braggart,
Nietzsche, Napoleon or Kaiser.

Freud is factor of the woodland
(his office is high on a ledge)
and of every incomprehensible estate.
He doesn't much regard the ropesman
(the rope itself a bellows);
sage eye on distant roots,
his ledge in the steep proud rock
defying the restless wood,
the truthful subject wood,
the humble wood that teems
with bitter variegated sweet plants.

PALACH

There was a time I thought
if the Red Army came
across Europe
the tryst would not be bitter;
that it would not be with a bonfire
as was seen in Prague,
and that it would not be the heroic student
that would go up in smoke
but the brittle fire-wood of money
— a splendid heather-burning —
with the lying oil of rulers
daubed on every tip.

Chan fhuirich an cridhe air a' mhachair;
's mór as fheàrr leis a' chridhe
('s e cho càirdeach do'n spiorad)
bhith 'n crochadh air piotan ris an stalla
is fear mór 'na cheannard ròpa,
Calvin no Pàp no Lenin
no eadhon bragairneach bréige,
Nietzsche, Napoleon, Ceusair.

Tha Freud 'na bhàillidh air a' choille
(tha'n oifis aige àrd air uirigh)
's air gach oighreachd nach tuigear.
Cha mhoth' air-san fear an ròpa
(an ròp e fhéin 'na bhalg-séididh):
sùil saoi air friamhaichean céine;
uirigh 'san chreig chais uaibhrich
a' toirt neor-thaing do choille 'n luasgain,
do 'n choille fhìrinnich ìochdraich,
do'n choille iriosail 's i air laomadh
le luibhean searbha dathte mìlse.

PALACH

Bha uair ann a shaoil mi
nan tigeadh an t-Arm Dearg
tarsainn na Roinn-Eòrpa
nach biodh a' chòmhdhail searbh:
nach b' ann le teine-aighir
mar chunnacas ann am Pràg,
's nach b' c an curaidh oileanaich
a rachadh suas 'na smàl,
ach connadh crìon an airgid —
b'e falaisgir an àigh —
le ola bhréig nan uachdaran
'ga sgliamadh air gach bàrr.

There is a ghost or two hill-walking
about this Beltane in gloom.
Bullets in the Père Lachaise
were crackling in their sleep
and guns about the Volga
and blood frozen and hard
in the passes of Guadarrama
and on the bank of the cold Neva.

This little smoke is choking them
and the flame's against the bone,
a gas from Himmler's chamber,
a cloud above Hiroshima
to the spirit in the grip
of the generous heart and heroism,
an argument with smoothies,
polite about the Big House,
a rusting on the chains
above the Tatu Ho.

There is no text in my words:
there are a dozen Palachs in France.

THE NATIONAL MUSEUM OF IRELAND

In these evil days,
when the old wound of Ulster is a disease
suppurating in the heart of Europe
and in the heart of every Gael
who knows that he is a Gael,

Tha corra shamhla cnocaireachd
mu 'n Bhealltainn seo fo ghruaim.
Bha peileirean 'sa' Phère Lachaise
ag cnagadaich 'nan suain,
is gunnachan mu 'n Bholga
is fuil 's i reòta cruaidh
am bealaichean Ghuadarrama
's air bruaich an Nèabha fhuair.

An ceòthran seo 'gan tachdadh
's an lasair ris a' chnàimh,
'na ghas o sheòmar Himmler,
'na nial os cionn Hiroshima
do'n spiorad a tha 'n sàs
a' chridhe chòir 's an treuntais;
'na argumaid aig sliomairean
's iad cùirteil mu 'n Taigh Mhór,
'na mheirgeadh air na slabhraidhean
os cionn an Tatu Hó.

Chan eil ceann-teagaisg 'nam chainnt:
tha dusan Palach anns an Fhraing.

ARD-MHUSAEUM NA H-EIREANN

Anns na laithean dona seo
is seann leòn Uladh 'na ghaoid
lionnrachaidh 'n cridhe na h-Eòrpa
agus an cridhe gach Gàidheil
dh' an aithne gur h-e th' ann an Gàidheal,

I have done nothing but see
in the National Museum of Ireland
the rusty red spot of blood,
rather dirty, on the shirt
that was once on the hero
who is dearest to me of them all
who stood against bullet or bayonet,
or tanks or cavalry,
or the bursting of frightful bombs:
the shirt that was on Connolly
in the General Post Office of Ireland
while he was preparing the sacrifice
that put himself up on a chair
that is holier than the Lia Fail
that is on the Hill of Tara in Ireland.

The great hero is still
sitting on the chair
fighting the battle in the Post Office
and cleaning streets in Edinburgh.

AT YEATS'S GRAVE

The big broad flagstone of the grave
is on yourself and George your wife
between the sea and Ben Bulben,
between Sligo and Lissadell;
and your marvellous words are
coming in the breeze from every side
with the picture of the young beautiful one
in the television of each field.

cha d' rinn mise ach gum facas
ann an Ard Mhusaeum na h-Eireann
spot mheirgeach ruadh na fala
's i caran salach air an léinidh
a bha aon uair air a' churaidh
as docha leamsa dhiùbh uile
a sheas ri peileir no ri béigneid
no ri tancan no ri eachraidh
no ri spreaghadh nam bom éitigh;
an léine bh' air O Conghaile
ann an Ard Phost-Oifis Eirinn
's e 'g ullachadh na h-ìobairt
a chuir suas e fhéin air séithir
as naoimhe na 'n Lia Fàil
th' air Cnoc na Teamhrach an Eirinn.

Tha an curaidh mór fhathast
'na shuidhe air an t-séithir,
ag cur a' chatha 'sa' Phost-Oifis
's ag glanadh shràidean an Dùn-Eideann.

AIG UAIGH YEATS

Tha leac mór leathann na h-uaghach
ort fhéin 's air Deòrsa do bhean
eadar a' mhuir is Beinn Ghulbain,
eadar an t-Sligeach 's Lios an Doill;
's tha do bhriathran mìorbhaileach
a' tigh'nn le osaig o ghach taobh
le dealbh na té óig àlainn
ann an teilifis gach raoin.

163

The sweet voice on the side of Ben Bulben
from the one shapely young mouth
that took his fame from Dermid
since it was heard on a Green,
become a screech with grief
and with the noble anger
and with the generous deeds
that were sweet in the ears of Connolly
and in the ears of his kind.

You got the chance, William,
the chance for your words,
since courage and beauty
had their flagpoles through your side.
You acknowledged them in one way,
but there is an excuse on your lips,
the excuse that did not spoil your poetry,
for every man has his excuse.

THE LOST MOUNTAIN

The mountain rises above the wood,
lost in the wood that is lost,
and we have been broken on the board of our sun
since the skies are tight.

Lost in the decline of the wood
the many-coloured images of our aspiration
since the tortured streets will not go
in the wood in a smooth synthesis.

Because Vietnam and Ulster are
heaps on Auschwitz of the bones,
and the fresh rich trees
pins on mountains of pain.

An guth binn air slios Beinn Ghulbain
o'n aon bhial cuimir òg
a thug a chliù o Dhiarmad
on chualas e air Grìne
's e air fàs 'na sgread le bròn
agus leis an fheirg uasail
is leis na h-euchdan còire
bu bhinn an cluais O Conghaile
's an cluasan a sheòrsa.

Fhuair thusa 'n cothrom, Uilleim,
an cothrom dha do bhriathran
on bha a' ghaisge 's a' bhòidhche
's an croinn bhratach troimh do chliathaich.
Ghabh thu riutha air aon dòigh,
ach tha leisgeal air do bhilean,
an leisgeal nach do mhill do bhàrdachd
oir tha a leisgeal aig gach duine.

A' BHEINN AIR CHALL

Tha bheinn ag éirigh os cionn na coille,
air chall anns a' choille th' air chall,
is bhristeadh sinn air clàr ar gréine
on a tha na speuran teann.

Air chall ann an aomadh na coille
ìomhaighean iomadhathach ar spéis
a chionn 's nach téid na sràidean ciùrrte
's a' choille mhaoth an cochur réidh.

A chionn 's gu bheil Vietnam's Uladh
'nan torran air Auschwitz nan cnàmh
agus na craobhan saoibhir ùrar
'nam prìneachan air beanntan cràidh.

In what eternity of the mind
will South America or Belsen be put
with the sun on Sgurr Urain
and its ridges cut in snow?

Heartbreak is about the mountains
and in the woods for all their beauty,
though the restless sportive blood
rages triumphantly in the young.

The eternity of Dante and of Dugald Buchanan
an old new light to a few,
and the grey nonentity of the dust
a withered brittle comfort to more.

Paradise without the paradise of his own people,
the perplexity of the little Free Presbyterian boy:
his complaint and silent refusal
blasphemy in the throat of Geneva;

and in the throat of Rome
— though Purgatory is gentler —
the other robber on the tree
and Spartacus with his tortured army.

ELEGY FOR CALUM I MACLEAN

I

The world is still beautiful
though you are not in it,
Gaelic is eloquent in Uist
though you are in Hallin Hill
and your mouth without speech.

Dé 'n t-sìorruidheachd inntinn 's an cuirear
Ameireaga mu Dheas no Belsen,
agus a' ghrian air Sgurr Urain
's a bhearraidhean geàrrte 'san t-sneachda?

Tha 'm bristeadh cridhe mu na beanntan
's anns na coilltean air am bòidhche
ged tha 'n fhuil mhear gu luaineach
air mire bhuadhar' san òigridh.

Sìorruidheachd Dhante is Dhùghaill
'na seann solus ùr aig beagan
agus neoini ghlas na h-ùrach
'na comhfhurtachd chrìon phrann aig barrachd.

Pàrras gun phàrras a chuideachd,
imcheist a' ghiullain Shaoir-Chléirich
a ghearan is a dhiùltadh sàmhach
'nan toibheum an amhaich Sineubha;

agus an amhaich na Ròimhe
— ged tha Purgadair nas ciùine —
an robair eile air a' chrann
is Spartacus le armailt chiùrrte.

CUMHA CHALUIM IAIN MHICGILL-EAIN

I

Tha an saoghal fhathast àlainn
Ged nach eil thu ann.
Is labhar an Uidhíst a' Ghàidhlig
Ged tha thusa an Cnoc Hàllainn
Is do bhial gun chainnt.

I can hardly think
that a Gael lives
and that you are not somewhere to be found
between Grimsay and the Sound,
kindling ancient memory
with kindness and fun,

that you are in Hallin Hill
and though the company is generous
— as generous as is to be found in any place —
that there is not heard the breaking of laughter
or clang on a golden string.

If you were in Clachan
or on Cnoc an Ra,
you would be among half your kin,
among the straight generous people,
choice MacLeans and MacLeods.
The dust is not weak.

If you were in Stron Dhuirinish
you would be in a good place,
among the other half of your kin,
among your mother's Nicolsons,
among the big generous men of Braes.
The dust is not weak.

If you were in the other Clachan
that is over here in Lochalsh,
that brave man of your ancestors,
Ruairi Beag of the glittering helmet,
would be proud to move
to let you to his shoulder —
if you were to come over.

'S gann as urrainn dhomh smaointinn
Gu bheil Gàidheal beò
'S nach eil thu 'n àiteigin ri t' fhaotainn
Eadar Grimeasaidh 's an Caolas,
A' beothachadh na cuimhne aosda
Le coibhneas is le spòrs.

Gu bheil thusa an Cnoc Hàllainn,
'S ged tha an còmhlan còir
— Cho còir 's a gheibhear an àite —
Nach cluinnear ann am bristeadh gàire
No gliong air teud an òir.

Nan robh thu anns a' Chlachan
No air Cnoc an Rà
Bhiodh tu a miosg leth do chàirdean,
A miosg nan daoine dìreach còire,
Brod nan Leathanach 's nan Leòdach.
Chan eil an duslach lag.

Nan robh thu an Sròn Dhiùirinis
Bhiodh tu an àite math,
Miosg an leth eile dhe do chàirdean,
Miosg Clann MhicNeacail do mhàthar,
Miosg fir mhóra chòir' a' Bhràighe.
Chan eil an duslach lag.

Nan robh thu anns a' Chlachan eile
Tha bhos ann an Loch Aills
Bhiodh am fear treun ud dhe do shìnnsre,
Ruairi Beag a' chlogaid dhrìlsich,
Moiteil 's e dèanamh gluasaid
Gu do leigeil-sa ri ghualainn —
Nan tigeadh tu a nall.

I am not acquainted with Hallin Hill
but you are there,
and though there were with you only the Eosag,
the company would be rare and noble —
but that is not scarce.

Since you are not in Clachan
or on Cnoc an Ra,
among the MacLeans and MacLeods,
we left you among Clan Donald.
There is no better place.

Among the brave generous people
you are in the dust.
Since we always liked Clan Donald
we gave them the most generous gift
when we put you in their dust.

To them that have will be given
even nobleness itself.
We gave you to Uist,
and it was your own choice.
We gave you to Uist,
and it is not the worse of your clay.

II

There is many a poor man in Scotland
whose spirit and name you raised:
you lifted the humble
whom the age put aside.
They gave you more
than they would give to others
since you gave them the zeal
that was a fire beneath your kindness.
They sensed the vehemence
that was gentle in your ways,

Chan eil mi eòlach an Cnoc Hàllainn
Ach tha thusa ann,
'S ged nach robh cuide riut ach an Eòsag,
B' ainneamh is uasal an còmhlan —
Ach chan eil sin gann.

On nach eil thu anns a' Chlachan
No air Cnoc an Rà
Miosg nan Leathanach 's nan Leòdach,
Dh' fhàg sinn thu a miosg Chlann Dòmhnaill.
Chan eil àite 's fheàrr.

Miosg nan daoine treuna còire
Tha thu anns an ùir:
On bu thoigh leinn riamh Clann Dòmhnaill
Thug sinn dhàibh a' ghibht bu chòire
Nuair chuir sinn thu 'nan ùir.

Dhoibh-san aig a bheil 'sann bheirear
Eadhon an uaisle fhéin:
Thug sinn thusa do dh' Uidhist
— 'S gum b' e do roghainn fhéin —
Thug sinn thusa do dh' Uidhist,
'S cha mhisde i do chré.

II

Tha iomadh duine bochd an Albainn
Dh' an tug thu togail agus cliù:
'Sann a thog thu 'n t-iriosal
A chuir ar linn air chùl.
Thug iad dhutsa barrachd
Na bheireadh iad do chàch
On thug thu dhàibh an dùrachd
Bu ghrìosach fo do bhàigh.
Mhothaich iadsan an dealas
A bha socair 'na do dhòigh,

171

They understood the heavy depths of your humanity
when your fun was at its lightest.

You are talked of in Cois Fhairrge
over in Ireland.
Between Cararoe and Spideal
you left many a knot.
You were to the Gaels of Ireland
as one of themselves and of their people.
They knew in you the humanity
that the sea did not tear,
that a thousand years did not spoil:
the quality of the Gael permanent.

You proved in Shetland
and in Sweden
and in Norway
that there is no bitterness in the sea;
that the "malice" is only a word
that chokes lasting truth.
Since you were a favourite with the Gael
you were a favourite with the Gall.
Since you cared for the man
and did not know guile
or sleekitness or fawning for place
you made Gaels of the Galls.

Many of your friends are gone,
many of the great ones of the Gaels,
Duncan of Peninerine
and Donald Roy of Paisley,
and she who gave you the two marvels,
MacCormick's wife from Haclait;
but there is another in Lionacro
for whom you are still alive,
she who did not keep from you the treasure
that was in Trotternish, her home.

Thuig iad doimhne throm do dhaondachd
Nuair a b' aotroime do spòrs.

Tha sgeul ort an Cois-Fhairge
Ann an Eirinn thall:
Eadar an Ceathramh Ruadh is Spideal
Dh' fhàg thu iomadh snaim.
Bha thu aig Gaidheil Eirinn
Mar fhear dhiubh fhéin 's de'n dream.
Dh' aithnich iad annad-sa an fhéile
Nach do reub an cuan,
Nach do mhill mìle bliadhna:
Buaidh a' Ghàidheil buan.

Dhearbh thu ann an Sealtainn
Agus anns an t-Suain
Agus ann an Lochlann
Nach eil seirbhe anns a' chuan;
Nach eil 'sa' ghamhlas ach facal
A thachdas fìrinn bhuan.
On bu mhùirnean thu do 'n Ghàidheal
Bu mhùirnean thu do'n Ghall.
On bha t' ùidh anns an duine
'S nach b' aithne dhut an fhoill,
No sliomaireachd no sodal stàite,
Rinn thu Gàidheil dhe na Goill.

Dh' fhalbh móran dhe do chàirdean,
Móran de dh' uaislean nan Gàidheal,
Dh' fhalbh Donnchadh Peigh'nn an Aoirein
Agus Domhnall Ruadh Phàislig,
'S an té o'n d' fhuair thu an dà mhìorbhail,
Bean Mhic Carmaig á Hàclait;
Ach tha téile 'n Lìonacro
Dh' am bheil thu fhathast an làthair,
Té nach do chum bhuat an stòras
Bha an Tròndairnis a h-àrach.

Four called Angus have gone,
MacMillan and the two MacLellans,
and one of the Nicolsons:
Uist-man, Benbecula men, and a Skye-man.
The Skyeman is in Stron Dhuirinish,
one near to you in kinship,
eye of wisdom, mouth of music,
the generous, gentle, strong Angus.

William MacLean is gone,
from whom you got the summit prize,
great pupil of MacPherson,
heir of MacKay and MacCrimmon,
prince in the music of the pipes.

There is a grey-haired one in Drumbuie,
over here in Lochalsh,
who will not forget your talk
and who would not grudge tale or rhyme:
Calum as lasting in his life
as Iain Mac Mhurchaidh of the Cro.

There is another grey-haired one in Barra,
another Calum, mouth of grace,
key of music, and finger of art,
the wide generous warm heart,
head that holds the treasure of our lore,
jewel of Clan Neil and Clan Donald.

You were in Spean Bridge
like the best of the MacDonalds,
in Morar and in Arasaig
and in Glen Roy.

In the glens of the Grants,
between Ceannchnoc and Corriemony,
you gave and got the kindness
that grew happily about your steps.

Dh' fhalbh ceathrar air robh Aonghus;
MacMhaoilein 's an dà MhacGill-Fhialain
Agus fear de Chloinn MhicNeacail:
Uibhisteach, Baodhlaich, agus Sgitheanach.
Tha 'n Sgitheanach an Sròn Dhiùirinis,
Fear bu dlùth dhut ann an càirdeas,
Sùil na tuigse, bial a' chiùil,
Aonghus còir ciùin làidir.

Dh' fhalbh Uilleam MacGill-Eain,
Fear o 'n d' fhuair thu bàrr na prìse;
Oileanach mór Mhic-a-Phearsain,
Tàinistear MhicAidh 's MhicCruimein,
Prìomhair ann an ceòl na pìoba.

Tha fear liath air an Druim Bhuidhe
A bhos ann an Loch Aills
Nach cuir air dhìochain do bhruidheann
'S nach sòradh sgeul no rann:
Calum cho maireann dha ri bheò
Ri Iain MacMhurchaidh anns a' Chrò.

'S tha fear liath eile 'm Barraidh,
Calum eile, bial an àigh,
Iuchair a' chiùil is miar na h-ealain,
An cridhe farsaing fialaidh blàth,
Ceann 'sna thaisgeadh leug ar n-eòlais,
Ailleagan Chlann Nèill 's Chlann Dòmhnaill.

Bha thu an Drochaid Aonachain
Mar Dhòmhnallach nam buadh,
Am Mórair is an Arasaig
Agus an Gleann Ruaidh.

Ann an glinn nan Granndach,
Eadar Ceannachnoc 's Coire Monaidh
Fhuair is thug thu 'n coibhneas
A dh' fhàs mu d' cheum le sonas.

You were in the Ross of Mull
like an unyielding MacLean,
like Lame Hector come home
with his wounds from Inverkeithing.

III

You took the retreat,
little one of the big heart,
You took your refuge behind the wall
where the bent grass of Gaelic is sweetest,
little one of the great heroism.

You took the retreat
to the western edge,
you who did not take the breaking,
who were never broken,
who reached the mouth of the grave
with your spirit always the victor.

Often do I ask
of my own heart
if it was the creed of Rome
or a rare hardihood in your kind
that put your heroism to its height,
as it were without effort.

You dearly bought the pride
that we bought in your death:
for four years without hauteur
you hid from your kind your certainty
that your death was so near.

We dearly bought the pride
that increased with your death:
that your heroism was a marvel
hidden in your fun;

Bha thu san Ros Mhuileach
Mar Leathanach nach tréigeadh,
Mar Eachann Bacach air tigh'nn dhachaidh
L' a leòin á Inbhir-Chéitein.

III

Ghabh thu an ràtreuta
Fhir bhig a' chridhe mhóir,
Ghabh thu do dhìon air cùl a' ghàrraidh
Far 's mìlse muran na Gàidhlig,
Fhir bhig an treuntais mhóir.

Ghabh thu an ràtreuta
Gus an iomall shiair,
Thusa nach do ghabh am bristeadh,
Nach do bhristeadh riamh,
A ràinig bial na h-uaghach
Is do spiorad sìor bhuadhach.

'S tric a bhios mi foighneachd
Dhe mo chridhe fhìn
An e creideamh na Ròimhe
No cruadal annasach 'nad sheòrsa
A chuir do threuntas g' a àirde
Mar gum b' ann gun strì.

Is daor a cheannaich thusa 'n t-uabhar
A cheannaich sinne 'nad bhàs:
Fad cheithir bliadhna gun àrdan
Chleith thu do chinnt air do chàirdean
Cho faisg 's bha do bhàs.

Is daor a cheannaich sinne 'n t-uabhar
A mhiadaich le do bhàs:
Gu robh do threuntas 'na mhìorbhail
Air falach 'na do spòrs;

that seldom was seen your like
in such an extremity.

You dearly bought the fishing
when the pain was in your flesh,
when your net was taking in
the gleaming white-bellied salmon, a store;
with the net of your four years of agony
you gave us a pride beyond store.

IV

You were often in Uist,
the island of your barley without stint,
lifting as without effort
the crop that fell to your hand,
your toil hidden in your kindness,
the joyful stooks of your fun.

But another Spring came
and you went over the Sea of Skye.
Did you not go to Uist
with your body at your struggle's end?
did you go home to Uist
to wait for the very end?

I went up Dun Cana
on the Friday before your death,
my eye was only on Uist
— not as it used to be —
I forgot the Cuillin
looking at Ben More,
at Hecla and Staolaval:
they all grew big.

On the Tuesday after
Peter came with the tale,
with news I saw in his face:

Gur tearc a chunnacas do leithid
Ann a leithid de chàs.

Is daor a cheannaich thusa 'n t-iasgach
Nuair bha am pianadh 'nad fheòil,
Nuair thug do lìon a stigh na bradain
Thàrr-gheala lìomhach 'nan stòr;
Le lìon do cheithir bliadhna ciùrraidh
Thug thu cliù dhuinn thar gach stòir.

IV

'S tric a bha thu 'n Uidhist,
Eilean t' eòrna nach bu ghann,
'S tu togail mar gun shaothair
Am bàrr a thuit gu d' làimh,
Do shaothair air falach anns a' choibhneas,
Adagan aoibhneach do spòrs.

Ach thàinig earrach eile
Is chaidh thu thar Chuan Sgìthe.
Saoil an deachaidh tu a dh' Uidhist
Le d' chorp an ceann do strìthe?
An deach thu dhachaidh a dh' Uidhist
A dh' fheitheamh ceann na crìche?

Dhìrich mi Dùn Cana
Di-haoine roimh do bhàs,
Cha robh mo shùil ach air Uibhist
— Cha b' ionann 's mar a b' à'ist —
Dhìochainich mi 'n Cuilithionn
'S mo shùil air a' Bheinn Mhóir,
Air Teacal is air Staolabhal:
'S ann dh' fhàs iad uile mór.

'N Di-màirt sin as a dheaghaidh
Thàinig Pàdraig leis an sgeul,
Le naidheachd a chunnaic mi 'na aodann

that your brave spirit had gone.
I knew that you went unbroken,
that your victory was without flaw.

On the Friday after
you were carried in concord,
A Campbell and two MacDonalds
leading your course.
Your body was taken to Hallin Hill
under the shade and cover of their music.

Since he was worth their music
They took the MacLean to his Cro,
MacDonald, Campbell, MacCrimmon.
He got a great pomp in Uist.

And the white sand of Hallin Hill
lies lightly on the bones
of him whose great spirit
misfortune did not beat down, though his trial
was for four years beyond telling,
and he at grips with the work of his devotion.

And though he is not in Clachan,
in Raasay of the MacLeods,
he is quite as well in Uist,
His debt was great to Clan Donald.

Gun d' fhalbh do spiorad treun.
Bha fhios a'm gun d' fhalbh thu gun bhristeadh,
Gu robh do bhuaidh gun bheud.

Air an ath Dhi-haoine
Bha 'n t-aonadh mu do ghiùlan;
Caimbeulach 's dà Dhòmhnallach
A' treòrachadh do chùrsa.
Thugadh do chorp a Chnoc Hàllainn
Fo bhrat is sgàil an ciùil-san.

On a b' fhiach e an ceòl
Thug iad an Leathanach d' a Chrò;
Dòmhnallach, Caimbeulach, MacCruimein:
Fhuair e greadhnachas an Uidhist.

Agus tha gainmheach gheal Cnoc Hàllainn
'Na laighe gu h-aotrom air cnàmhan
An fhir sin nach do chlaoidh an t-ànradh
A spiorad mór ged bha a dhiachainn
Fad cheithir bliadhna thar innse
'S e 'n sàs an obair a dhìlse.

'S ged nach eil e anns a' Chlachan
Ann an Ratharsair nan Leòdach,
Tha e cheart cho math an Uidhist
Bu mhór a chomain air Clann Dòmhnaill.